LIEBLINGSREZEPTE
VOM LAND

SO SCHMECKT MEIN SOMMER

FÜR MORMOR UND MORFAR

LIEBLINGSREZEPTE VOM LAND

SO SCHMECKT MEIN SOMMER

CHRISTIAN

ZEIT PORTIONEN

STÜCKZAHL LITERANGABE

FÜR HEISSE TAGE

Endlich Hochsommer! Genießen Sie die heißen Tage mit einem erfrischenden Salat mit Erdbeeren, einer eisgekühlten Suppe – oder soll es doch lieber der Matjesdip mit jungen Kartoffeln sein? Oder Sie nehmen sich einfach ein Stück Sommerpizza ... Zum Abschluss gibt es erfrischende Limonade und Erdbeertorte oder Festtagsküchlein oder ...

SEITE 8

ZUM DRAUSSEN GENIESSEN

Für das nächste Picknick am Meer oder See, im schattigen Wald oder direkt auf der Wiese hinter dem Haus sind Sie nun bestens ausgerüstet. Packen Sie den Korb mit selbst gebackenen Salzstangen, Miniquiches und Hühnchenspießen. Vergessen Sie dabei nicht den erfrischenden Saft und die leckeren Waffeln!

SEITE 51

ZUM GRILLEN

Laden Sie all Ihre Freunde und die ganze Familie ein – jeder bringt etwas zur Grillparty mit. Gemeinsam werden Hackfleischspieße mit Tomaten, Folienkartoffeln mit selbst gemachtem Rucolapesto oder im Fischkorb gegrillte Forelle geschlemmt. Und danach servieren Sie Schokokuchen mit Preiselbeersahne oder Brombeermuffins.

SEITE 93

FÜR KÜHLE TAGE

Wenn die Tage kühler werden, erwärmen und erfreuen Sie sich an dem warmen Brotsalat, dem Kartoffelauflauf oder an Spaghetti mit geräuchertem Lachs. Versüßen Sie sich den Tag mit rotem Baiser mit Erdbeeren oder Johannisbeerkuchen mit Marzipan.

SEITE 134

VORWORT

Als Tochter einer Schwedin habe ich jahrelang unbeschwerte und heitere Sommer bei meinen Großeltern an der Westküste Schwedens verbracht. Dort habe ich auf vielen Spaziergängen durch die Natur unter anderem meine Vorliebe für die verschiedenen Lichtspiele und Farben entdeckt. Besonders gerne erinnere ich mich dabei auch an die herrlich gefüllten Picknickkörbe meiner Großmutter Greta, die sie uns für die Ausflüge liebevoll packte. Sie konnte wunderbar kochen und backen.

Als ich im Sommer 2010 meinen Kindern beim Spielen, Baden, Beerenpflücken und Picknicken zusah, kamen all diese wundervollen Erinnerungen an meine eigene Kindheit zurück: Ein großes Gefühl von Unbeschwertheit, das Glück der endlos lang wirkenden Tage, der Genuss und die Verbundenheit mit der Natur und besonders die feinen Leckereien von Großmutter Greta.

So entstand die Idee, die Rezepte meiner Großmutter für meine Kinder aufzuschreiben. Außerdem kam so auch endlich meine neue Kamera zum Einsatz, die ich im Jahr davor geschenkt bekommen hatte. Vor allem die geliebten Orte, die ich während meiner Kindheit besucht habe, boten fabelhafte Motive zum Fotografieren.

Was als Rezepte- und Bildersammlung für meine Kinder begann, ist nun zu einem ganzen Buch und gleichzeitig zum Start einer neuen Buchreihe geworden. In diesem ersten Band möchte ich mit Ihnen den Sommer feiern und Sie zu einer Auszeit vom Alltag einladen.

Zusätzlich zu den Rezepten meiner Großmutter sind noch viele weitere Rezepte hinzugekommen. Ich habe viele Freunde und Bekannte besucht, mit ihnen gekocht, geschlemmt und jede Menge persönliche Rezepte gesammelt. Auch das Fotografieren ist zu einer großen Leidenschaft geworden und die Fotos, die Sie in diesem Band sehen, sind bei diesen Besuchen in ganz Deutschland entstanden.

Liebe Leser, ich hoffe, dass Ihnen mithilfe meiner Rezepte bald der Duft von leckeren Speisen in die Nase steigt und sich beim Betrachten der Bilder dann auch das Gefühl von Sonne auf der Haut und Sommerwind in den Haaren einstellt ...

Es würde mich freuen! Guten Appetit und genießen Sie den Sommer!

Ihre Marie Langenau

FÜR HEISSE TAGE

Wenn es im Juli richtig heiß wird und die Tage am längsten sind, gibt es nur wenige Dinge, die mich aus meiner Hängematte locken können. Vielleicht die Aussicht auf ein erfrischendes Bad im Meer oder auf einen Spaziergang im schattigen Wald, aber bestimmt nicht der Gedanke, meine Zeit in der Küche vor dem Herd zu verbringen. Nun liefert der Sommer aber ja die knackigsten Salate, die süßesten Früchte und noch vieles mehr. Zum Glück gibt es schnelle und leichte Gerichte aus frischen Zutaten, die ohne viel Aufwand gezaubert sind und an heißen Sommertagen erfrischen. Genießen Sie die faulen Tage mit den Rezepten in diesem Kapitel.

vetemjöl 2kg

JOHANNE KORCH

SOMMERSALAT
MIT ERDBEEREN UND GERÖSTETEN ZWIEBELN

FÜR DEN SALAT
100 g Feldsalat
100 g Rucola
100 g Babyspinat
250 g frische Erdbeeren
4–5 EL geröstete Zwiebeln

FÜR DAS DRESSING
6 EL Olivenöl
3 EL Apfelessig
2 TL Dijonsenf
1 TL Zucker
Salz
frisch gemahlener Pfeffer

15 MIN X 4

♥ Die Salate putzen, waschen und gut trocken schleudern. Den Rucola in mundgerechte Stücke zupfen. Die Erdbeeren waschen, gut abtropfen lassen, putzen und vierteln. Den Salat und die Erdbeerviertel auf Schälchen verteilen und je 1 EL geröstete Zwiebeln darübergeben.

♥ Für das Dressing Olivenöl, Apfelessig, Dijonsenf und Zucker verquirlen und mit Salz und Pfeffer abschmecken. Das Dressing über den Salat verteilen und sofort servieren.

TIPP

Geröstete Zwiebeln können auch ganz einfach selbst gemacht werden. Dazu Zwiebeln fein hacken und in heißem Fett kross anrösten. Auf Küchenpapier trocknen lassen.

FÜR DEN SALAT
1 Salatgurke
½ Bund Petersilie

FÜR DAS DRESSING
1 EL Essigessenz (25%)
2 EL Zucker

20 MIN x 4

GURKENSALAT

MIT ESSIGDRESSING

♥ Die Gurke gründlich waschen und in feine Scheiben hobeln. Die Essigessenz und den Zucker in einer Schale verquirlen. Über die Gurkenscheiben geben und 12 Minuten ziehen lassen. Die Petersilie waschen, trocken schütteln und klein zupfen.

♥ Die Petersilie über den Gurkensalat streuen und servieren.

KALTE SUPPE

MIT TOMATEN UND PAPRIKA

FÜR DIE SUPPE
800 g reife Tomaten
2 rote Paprika
2–3 Knoblauchzehen, gehackt
½ rote Chilischote, gehackt
500 ml Tomatensaft
6 EL Olivenöl
2–3 EL Balsamicoessig
Salz
frisch gemahlener Pfeffer
500 ml gehacktes Eis, nach Belieben

15 MIN + 12 STD · X 4

FÜR DIE SCHALEN
250 g Mehl
15 g frische Hefe
½ TL Salz
50 ml Olivenöl

Mehl für die Arbeitsplatte

30 MIN + 70 MIN · X 4

♥ Die Tomaten kurz mit kochendem Wasser überbrühen, enthäuten, die Stielansätze und Kerne entfernen und das Fruchtfleisch grob in Stücke schneiden. Die Paprika putzen, waschen, die Samen und Scheidewände entfernen und ebenfalls grob in Stücke schneiden.

♥ Tomaten- und Paprikastücke mit Knoblauch und Chili in einen Mixer geben und je nach Belieben gröber oder feiner pürieren.

♥ In eine große Schüssel geben und den Tomatensaft, das Olivenöl und den Balsamicoessig zugeben. Alles gründlich vermischen, mit Salz und Pfeffer abschmecken und zugedeckt über Nacht im Kühlschrank ziehen lassen. Nach Belieben in der Brotschale und mit dem gehackten Eis servieren.

BROTSCHALEN

♥ Das Mehl in eine Schüssel geben und in die Mitte eine kleine Mulde drücken. Die Hefe hineinbröckeln, etwa 3 EL lauwarmes Wasser zugeben und verrühren. Salz, Olivenöl und weitere 55 ml Wasser hinzufügen und alles zu einem glatten Teig verarbeiten. Falls der Teig zu klebrig sein sollte, etwas mehr Mehl hinzufügen. Abgedeckt an einem warmen Ort 40 Minuten gehen lassen.

♥ Den Backofen auf 200 °C vorheizen. Vier ofenfeste Gefäße mit Aluminiumfolie umwickeln und die Folie fest andrücken. Den Teig in vier gleich große Stücke teilen. Auf einer bemehlten Arbeitsfläche etwa 5 mm dick rund ausrollen und um die Gefäße formen (oder direkt mit den Händen um die Gefäße zu Schalen formen). Auf der mittleren Schiene 20–25 Minuten backen, aus dem Ofen nehmen und kurz abkühlen lassen. Die Gefäße und die Folie entfernen und die Schalen weitere 5 Minuten backen.

HERING
MIT ZWIEBELN

400–500 g eingelegte Heringe
40 ml Essigessenz (25%)
80 g Zucker
5 Nelken
1 Lorbeerblatt
20 Pfefferkörner
1 rote Zwiebel
1 kleine Karotte

15 MIN + 1–2 TAGE X 4

♥ Die eingelegten Heringe in kleine Stücke schneiden. In einem kleinen Topf 200 ml Wasser, mit 40 ml Wasser verdünnte Essigessenz und Zucker unter Rühren erwärmen, bis sich der Zucker gelöst hat. Die Nelken, das Lorbeerblatt und die Hälfte der Pfefferkörner dazugeben. Abkühlen lassen.

♥ Die Zwiebel abziehen und fein hacken. Die Karotte schälen und in etwa 5 mm kleine Würfel schneiden. Heringe, Zwiebel und Karottenwürfel mit den restlichen Pfefferkörnern in ein vorbereitetes sauberes Glas geben, die Marinade darübergießen und alles 24–48 Stunden im Kühlschrank ziehen lassen.

TIPP

Die Heringe schmecken köstlich zu Pellkartoffeln oder frischem Brot.

FÜR DEN MATJESDIP
1 Dose Matjesfilets (200 g)
1 Zwiebel
1 Bund Schnittlauch
100 g Crème fraîche
150 g Sauerrahm
1 TL Sahnemeerrettich

FÜR DIE KARTOFFELN
500 g kleine junge Kartoffeln
Salz

40 MIN — X 4

MATJESDIP
MIT JUNGEN KARTOFFELN

♥ Die Matjesfilets abtropfen lassen und grob hacken. Die Zwiebel abziehen und klein würfeln. Den Schnittlauch waschen, trocken schütteln und in feine Röllchen schneiden.

♥ Crème fraîche und Sauerrahm in einer Schüssel verrühren. Zwiebelwürfel, Sahnemeerrettich und drei Viertel der Schnittlauchröllchen zugeben und alles vermischen. Die Matjesfilets unterheben.

♥ Die Kartoffeln unter fließendem Wasser gründlich abbürsten und in einem Topf mit Salzwasser 20–30 Minuten kochen, bis sie gar sind.

♥ Die Kartoffeln mit dem Matjesdip auf einem Teller anrichten und mit den restlichen Schnittlauchröllchen bestreut servieren.

EIN KURZER SPAZIERGANG
IN DER ABENDSONNE,
ES DUFTET NACH RAPS
UND KIEFERNWALD

FUSILLI

MIT GORGONZOLA UND GETROCKNETEN TOMATEN

500 g Fusilli
Salz
2 kleine Schalotten
1 gelbe Paprika
1 rote Paprika
100 g in Öl eingelegte getrocknete Tomaten
100 g Gorgonzola
2 EL Butter
150 ml Milch
150 ml Sahne (mind. 30% Fett)
4–5 EL Erbsen (frisch oder TK)
frisch gemahlener Pfeffer

25 MIN | X 4

♥ Die Nudeln in reichlich Salzwasser nach Packungsanleitung bissfest kochen. Währenddessen die Schalotten abziehen, beide Paprikaschoten putzen, waschen und alles klein würfeln. Die getrockneten Tomaten gut abtropfen lassen und klein schneiden. Den Gorgonzola von der Rinde befreien und klein würfeln.

♥ Die Butter in einer Pfanne erhitzen und die Schalotten und Paprika 2–3 Minuten anschwitzen.

♥ Milch, Sahne, Gorgonzola und Erbsen einrühren und bei geringer Temperatur 3–4 Minuten köcheln lassen. Die Paprika sollten bissfest sein. Die Nudeln und getrockneten Tomaten dazugeben und alles gründlich vermischen. Mit Salz und Pfeffer abschmecken.

PENNE
MIT RUCOLA UND SCHAFSKÄSE

500 g Penne
Salz
3 Knoblauchzehen
100 g Rucola
150 g Cocktailtomaten
150 g in Öl eingelegte getrocknete Tomaten
200 g Schafskäse
10–12 EL Olivenöl (alternativ Öl der getrockneten Tomaten)

25 MIN X 4

♥ Die Nudeln in reichlich Salzwasser nach Packungsanleitung bissfest kochen. Währenddessen die Knoblauchzehen abziehen und fein hacken. Den Rucola verlesen, waschen, trocken schütteln und in mundgerechte Stücke zupfen.

♥ Die Cocktailtomaten waschen und halbieren. Die getrockneten Tomaten klein schneiden, das Öl kann statt des Olivenöls für die Penne verwendet werden. Den Schafskäse in kleine Würfel schneiden.

♥ In einer Pfanne 2 EL Öl erhitzen und die Knoblauchwürfel darin anbraten, bis sie goldgelb sind. Die gegarten Nudeln zugeben und mit dem Knoblauch und dem restlichen Öl gut vermischen, mit Salz abschmecken.

♥ Die Nudeln auf Teller verteilen und mit Rucola, Schafskäse, getrockneten und frischen Tomaten garnieren. Die Nudeln schmecken warm und kalt sehr gut.

TIPP

Für heiß servierte Penne die getrockneten und frischen Tomaten sowie den Schafskäse in die Pfanne geben, kurz durchschwenken und mit Rucola anrichten.

GEMÜSEPIZZA

MIT GRÜNEM SPARGEL UND KAROTTEN

FÜR DEN TEIG
20 g frische Hefe
(oder 1 Päckchen Trockenhefe)
1 TL Zucker
1 gestrichener TL Salz
Olivenöl
400 g Mehl

FÜR DEN BELAG
2 rote Zwiebeln
4–6 junge Karotten
4–6 kleine junge Kartoffeln
8 Stangen grüner Spargel
1 EL Olivenöl
200 g Crème fraîche
Salz
frisch gemahlener Pfeffer

25 MIN + 50 MIN

X 4 (2 RUNDE PIZZAS)

♥ In einer Schüssel die Hefe in 210 ml warmem Wasser auflösen. Zucker, Salz und 4 EL Olivenöl dazugeben und alles gut verrühren. Das Mehl einrühren, bis ein zäher Teig entsteht. Mit den Händen 5–7 Minuten kräftig durchkneten.

♥ Den Teig zu einer Kugel formen, die Oberfläche mit etwas Öl bepinseln und den Teig abgedeckt etwa 30 Minuten an einem warmen Ort gehen lassen, bis sich das Volumen verdoppelt hat.

♥ In der Zwischenzeit die Zwiebeln abziehen und in Scheiben schneiden. Die Karotten waschen, putzen und schälen. Die Kartoffeln unter fließendem Wasser gründlich abbürsten und mit den Karotten in dünne Scheiben schneiden oder hobeln.

♥ Vom grünen Spargel nur den unteren, verholzten Teil schälen, die Stangen unten abschneiden und bis auf die Köpfe in dünne, schräge Scheiben schneiden. In einer beschichteten Pfanne das Olivenöl erhitzen und die Zwiebeln darin anschwitzen.

♥ Den Ofen auf 225 °C vorheizen, ein Blech mit Backpapier belegen. Den Teig nochmals kräftig durchkneten, halbieren und zu zwei runden Pizzas ausrollen. Die Böden auf das Backpapier legen, mit Crème fraîche bestreichen und Zwiebeln, Karotten, Kartoffeln und Spargel darauf verteilen. Mit Salz und Pfeffer kräftig würzen. Die Pizzas 15–20 Minuten backen.

SOMMERPIZZA

MIT DATTELN UND ZIEGENKÄSE

FÜR DEN TEIG

20 g frische Hefe
(oder 1 Päckchen Trockenhefe)
1 TL Zucker
1 gestrichener TL Salz
4–5 EL Olivenöl
400 g Mehl

FÜR DEN BELAG

250–300 ml Tomatensauce
4 frische Datteln
60 g Ziegenkäserolle
3–4 EL Honig
2 EL Mandelblättchen
10–12 Cocktailtomaten
8–10 Physalis
2–3 EL Olivenöl
50 g Rucola

40 MIN + 70 MIN

X 4 (1 GROSSES BLECH)

♥ Den Pizzateig entsprechend dem Rezept auf Seite 26 zubereiten und den zugedeckten Teig etwa 30 Minuten an einem warmen Ort gehen lassen, bis sich das Volumen verdoppelt hat. In der Zwischenzeit die Schale der Datteln vorsichtig abziehen und mit einem Messer sternförmig anschneiden. Den Ziegenkäse in Scheiben schneiden, mit Honig beträufeln und mit Mandelblättchen bestreuen. Die Cocktailtomaten und Physalis waschen und halbieren. Je eine halbe Physalis auf eine Ziegenkäsescheibe legen.

♥ Den Ofen auf 225 °C vorheizen, ein Blech mit Backpapier belegen. Den Teig nochmals kräftig durchkneten, auf Blechgröße ausrollen und auf das Backpapier legen.

♥ Die Tomatensauce auf dem Teig verteilen. Die Datteln, den Ziegenkäse samt Mandelblättchen, die Tomaten und die übrigen Physalis auf der Pizza verteilen. Alles mit dem ÖL beträufeln und 15–20 Minuten backen.

♥ Den Rucola waschen, trocken schleudern und nach dem Backen die Pizza damit belegen.

GEMÜSEGRATIN

NACH STEFFIS ART

800 g Kartoffeln
200 g Karotten
½ Stange Lauch
(oder 3 Frühlingszwiebeln)
1 kleine Zucchini
2 große Tomaten
Salz
frisch gemahlener Pfeffer
3–4 EL getrocknete
Kräuter der Provence
100 g Frischkäse
200 ml Kochsahne (15% Fett)
6–8 Scheiben Gouda
(oder Emmentaler)

30 MIN + 75 MIN — X 4

♥ Die Kartoffeln schälen und in 1–2 mm dünne Scheiben schneiden oder hobeln. Die Karotten waschen, putzen, schälen und je nach Größe halbieren oder dritteln. Dann längs in dünne Streifen schneiden. Den Lauch waschen, putzen und in dünne Ringe schneiden. Die Zucchini waschen, putzen und in 2–3 mm dünne Scheiben schneiden. Die Tomaten waschen und in Scheiben schneiden.

♥ Den Backofen auf 220 °C vorheizen. Die Kartoffelscheiben fächerartig in eine ofenfeste Auflaufform legen. Mit Salz und Pfeffer würzen und mit Kräutern der Provence bestreuen. Die Karotten auf den Kartoffeln verteilen, nochmals salzen und pfeffern. Darauf den Lauch verteilen.

♥ Auf jede Zucchinischeibe etwa 1/2 EL Frischkäse geben und mit der Frischkäseseite nach unten in die Form legen. Darüber die Tomaten verteilen und wieder mit Salz, Pfeffer und Kräutern der Provence bestreuen.

♥ Es folgt eine weitere Schicht Kartoffel- und Tomatenscheiben, die wieder mit Salz, Pfeffer und Kräutern der Provence gewürzt wird. Anschließend die Sahne und 200 ml Wasser mischen und gleichmäßig über den Auflauf gießen. Mit Aluminiumfolie abdecken und im Backofen etwa 1 Stunde backen, bis die Kartoffeln gar sind.

♥ Die Folie entfernen und den Auflauf mit den Käsescheiben belegen, weitere 15–20 Minuten backen, bis der Käse gebräunt ist. Nach Bedarf nochmals mit Salz, Pfeffer und Kräutern der Provence würzen.

Butter für die Auflaufform

4 Hühnchenbrustfilets (à 100 g)
Salz
frisch gemahlener Pfeffer
1 EL frisch gehackter
oder getrockneter Salbei
8 Scheiben Speck (125 g)
3–4 große Tomaten
6–8 kleine Tomaten
1–2 EL Butter
8 ganze frische Salbeiblätter
3–4 EL frisch geriebener Parmesan
3–4 EL Parmesanspäne

20 MIN + 20 MIN X 4

HÜHNCHEN

GRATINIERT, MIT SALBEI UND PARMESAN

♥ Eine ofenfeste Auflaufform buttern. Den Backofen auf 220 °C vorheizen. Die Hühnchenbrustfilets waschen, trocken tupfen und in Längsrichtung halbieren. Salzen, pfeffern und mit Salbei bestreuen.

♥ Eine Scheibe Speck um jedes Filet wickeln. Die Tomaten waschen, die großen in Scheiben schneiden und die kleinen halbieren. Die Butter in einer beschichteten Pfanne heiß werden lassen, die umwickelten Filets darin von jeder Seite 2–3 Minuten anbraten.

♥ Die Hühnchenbrustfilets aus der Pfanne nehmen und in die Auflaufform geben, mit den Tomaten bedecken, salzen und pfeffern. Die ganzen Salbeiblätter darauf verteilen und mit dem geriebenen Parmesan und Parmesanspänen bestreuen. Im Backofen 15–20 Minuten backen.

IM SPIEL VON LICHT UND SCHATTEN GENIESSEN DIE KINDER DEN SOMMER UND IHREN BESUCH BEI GROSSMUTTER.

Butter und Mehl für
die Springform

FÜR DEN TEIG
100 g Marzipanrohmasse
150 g Butter
130 g Zucker
1 TL Vanillezucker
3 Eier
abgeriebene Schale von 1 unbehandelten Zitrone (oder Limette)
Saft von ½ Zitrone (oder Limette)
1 TL Backpulver
160 g Mehl

FÜR DIE DEKORATION
500–600 g frische Sommerfrüchte, nach Belieben
200 g Sahne (mind. 30% Fett)

25 MIN + 30 MIN

X 10 (1 TORTE)

SOMMERTORTE

NACH GROSSMUTTER GRETAS ART

♥ Eine Springform (ø 22–24 cm) leicht buttern und mehlen. Den Backofen auf 175 °C vorheizen. Für den Teig die Marzipanrohmasse grob raspeln und zur Seite stellen. Die Butter in einem großen Topf schmelzen und etwas abkühlen lassen.

♥ In einer Schüssel Zucker, Vanillezucker und Eier schaumig schlagen. Die lauwarme Butter zugeben und gründlich verrühren. Anschließend Marzipan, Zitronenabrieb und -saft sowie Backpulver und Mehl nach und nach dazugeben und alles gut verrühren. Das Marzipan muss sich nicht vollständig auflösen.

♥ Den Teig in die Form füllen und den Kuchen im Backofen auf der mittleren Schiene 30 Minuten backen. Auf einem Gitterrost 5 Minuten abkühlen lassen und aus der Form nehmen.

♥ In der Zwischenzeit die Früchte waschen, putzen, größere halbieren oder klein schneiden. Die Schlagsahne steif schlagen und den abgekühlten Kuchen damit bestreichen. Mit den Sommerfrüchten belegen.

MANDELSCHIFFE

MIT ERDBEERSAHNE

FÜR DEN TEIG
200 g Marzipanrohmasse
220 g Mehl
40 g Zucker
200 g kalte Butter
1 Ei

Butter und Mehl für die Förmchen

FÜR DIE FÜLLUNG
150–200 g frische Erdbeeren
200 g Sahne (mind. 30% Fett)
1 Stängel Zitronenmelisse

30 MIN + 60 MIN X 48

♥ Für den Teig die Marzipanrohmasse grob raspeln und zur Seite stellen. Auf der Arbeitsfläche Mehl und Zucker vermischen. Die Butter in kleine Stückchen schneiden und unter das Mehl kneten. Marzipan und Ei dazugeben und alles mit den Händen rasch zu einem glatten Teig verarbeiten. Zu einer Rolle formen und in Frischhaltefolie wickeln. Für etwa 60 Minuten in den Kühlschrank stellen.

♥ In der Zwischenzeit zwölf Tarteförmchen (rund ø 6 cm, eckig 5 x 10 cm) leicht buttern und mehlen. Den Backofen auf 200 °C vorheizen. Den Teig vierteln und jedes Teigstück zu einer Rolle formen. Die Teigrollen jeweils in zwölf Stücke teilen. Jedes Teigstück in ein Förmchen geben, mit den Fingern glatt drücken und einen kleinen Rand formen. Den restlichen Teig bis zur Verwendung kühl stellen.

♥ Den ersten Schwung im Backofen auf der mittleren Schiene etwa 8 Minuten backen, bis die Schiffchen eine hellbraune Farbe haben. Auf dem Blech abkühlen lassen, dann vorsichtig aus der Form lösen. Mit dem restlichen Teig genauso verfahren, bis 48 Schiffchen gebacken sind.

♥ Für die Füllung die Erdbeeren putzen, waschen und in Scheiben schneiden. Die Schlagsahne steif schlagen. Die Zitronenmelisse waschen, trocken schütteln, die Blätter abzupfen und klein schneiden. Erdbeeren und Schlagsahne vorsichtig in einer Schüssel vermischen und auf die abgekühlten Schiffchen verteilen. Mit Zitronenmelisse dekorieren.

TIPP

Zur Dekoration kann statt Zitronenmelisse auch Sauerklee verwendet werden. Davon sollte allerdings nur sehr wenig verzehrt werden.

SMOOTHIE
MIT HIMBEERE UND KOKOS

FÜR DEN SMOOTHIE I
100 g gefrorene Himbeeren
50 g Banane
350 ml Apfel-Birnen-Saft
2 EL Kokosraspel

10 MIN X 1

FÜR DEN SMOOTHIE II
2 Kiwis
1 Nektarine
15–20 frische Himbeeren
2 EL frisch gepresster Zitronensaft
3 EL Birnensaft
3–4 EL Bananenjoghurt

10 MIN X 1

♥ Die Himbeeren, Banane und die Hälfte des Apfel-Birnen-Saftes in einen Mixer geben und pürieren. Den restlichen Saft hinzugeben und erneut kurz pürieren. Den Smoothie in Gläser füllen, mit Kokosraspel bestreuen und sofort servieren.

NACH AMELIES ART

♥ Die Kiwis schälen und klein schneiden. Die Nektarine waschen, halbieren, den Kern entfernen und ebenfalls klein schneiden. Alle Zutaten in einen Mixer geben und pürieren. Den Smoothie in Gläser füllen und sofort servieren.

Butter und Mehl für die Form

FÜR DEN TEIG
3 Eier
250 g Zucker
150 g Mehl
1½ TL Backpulver

FÜR DIE FÜLLUNG
500–600 g frische Erdbeeren
500–600 ml Sahne
(mind. 30% Fett)
1 Stängel Zitronenmelisse

35 MIN + 30 MIN

X 10 (1 TORTE)

ERDBEERTORTE

MIT ZITRONENMELISSE

♥ Eine Springform (ø 24–26 cm) leicht buttern und mehlen. Den Backofen auf 200 °C vorheizen. In einer Schüssel Eier und Zucker schaumig schlagen. Mehl und Backpulver mischen und abwechselnd mit etwa 100 ml Wasser unterrühren. Den Teig in die Springform füllen. Im Backofen auf der mittleren Schiene etwa 30 Minuten backen. Abkühlen lassen und in drei Böden teilen.

♥ In der Zwischenzeit die Erdbeeren putzen und waschen. Die Hälfte der Erdbeeren für die Dekoration zur Seite stellen. Den Rest mit einer Gabel zerdrücken. Die Sahne steif schlagen.

♥ Für die Torte den unteren Boden mit Sahne bestreichen und die Hälfte des Erdbeermuses darauf verteilen. Den mittleren Boden auflegen, ebenso mit Sahne und mit dem restlichen Mus bestreichen. Das obere Tortenteil auflegen, den Deckel und die Seiten mit der restlichen Sahne bestreichen. Mit den ganzen Erdbeeren dekorieren.

♥ Die Zitronenmelisse waschen, trocken schütteln und die Blätter abzupfen. In dünne Streifen schneiden und auf der Torte verteilen.

ROSENKUCHEN

NACH FEINE-DAME-ART

Butter und Mehl für die Förmchen

FÜR DEN TEIG

50 g Marzipanrohmasse
150 g Butter
160 g Zucker
2 TL Vanillezucker
2 Eier
1–2 TL Rosenwasser
150 g Mehl
1 TL Backpulver

Puderzucker zum Bestauben
essbare Rosenblütenblätter, nach Belieben

25 MIN + 20 MIN — X 4–6

♥ Die Förmchen (ø 8 cm) leicht buttern und mehlen. Den Backofen auf 175 °C vorheizen. Die Marzipanrohmasse grob raspeln und mit Butter, Zucker und Vanillezucker schaumig schlagen. Die Eier und das Rosenwasser nach und nach dazugeben und alles gut verrühren, bis eine homogene Masse entstanden ist. Das Mehl mit dem Backpulver mischen und unterrühren.

♥ Den Teig in die Förmchen füllen und im Backofen auf der mittleren Schiene 15–20 Minuten backen. Abkühlen lassen, mit Puderzucker bestauben und nach Belieben auf Rosenblütenblättern servieren.

FESTTAGSKÜCHLEIN

MIT KONFITÜRE

FÜR DEN TEIG
50 g Marzipanrohmasse
200 g weiche Butter
(oder Margarine)
90 g Puderzucker
1 TL Vanillezucker
175 g Mehl

FÜR DIE FÜLLUNG
3–4 EL Konfitüre
(z. B. Erdbeerkonfitüre)

Puderzucker zum Bestauben

30 MIN + 40 MIN X40

♥ Die Marzipanrohmasse grob raspeln und zur Seite stellen. In einer Schüssel die weiche Butter mit den Quirlen des Handrührgerätes cremig rühren. Marzipan, Puderzucker, Vanillezucker und Mehl dazugeben und zuerst mit den Knethaken des Handrührgerätes, zuletzt mit den Händen zu einem glatten Teig verarbeiten.

♥ Den Teig zu zwei Rollen mit je 3–4 cm Durchmesser formen. Die Teigrollen in Frischhaltefolie gewickelt für etwa 30 Minuten kalt stellen. Den Backofen auf 200 °C vorheizen. Ein Backblech mit Backpapier auslegen. Den Teig aus dem Kühlschrank nehmen und mit einem scharfen Messer in 6–7 mm dicke Scheiben schneiden. Diese auf das Backpapier legen, in jede Scheibe in die Mitte eine kleine Vertiefung drücken und diese mit Konfitüre füllen.

♥ Die Küchlein auf der mittleren Schiene im Backofen etwa 10 Minuten leicht hellbraun backen und auf einem Kuchengitter abkühlen lassen. Mit Puderzucker bestauben.

40 Holunderblütendolden
2 unbehandelte Zitronen
1,5 kg Zucker
50 g Zitronensäure

Mineralwasser oder Sekt nach Belieben zum Verdünnen

10 MIN + 36 STD | X 1,5

LIMONADE

MIT HOLUNDERBLÜTEN UND ZITRONEN

♥ Die Holunderblütendolden kurz ausschütteln und in einen großen Topf geben. Die Zitronen gründlich waschen, in dünne Scheiben schneiden und zu den Dolden in den Topf legen.

♥ In einem zweiten Topf 1,5 l Wasser mit Zucker und Zitronensäure aufkochen und rühren, bis sich der Zucker aufgelöst hat.

♥ Den Zuckersirup noch heiß über die Holunderblüten gießen und zugedeckt für etwa 36 Stunden kalt stellen. Anschließend den Sirup durch ein Sieb abseihen und in vorbereitete saubere Flaschen füllen. Nach Belieben den Sirup mit Mineralwasser oder mit Sekt verdünnen.

TIPP

Der Sirup lässt sich auch sehr gut einfrieren, z. B. in Formen für Eiswürfel.

ZUM DRAUSSEN GENIESSEN

Welche Zeit bietet sich besser an, Freunde und Familie einzuladen, als der Sommer mit seinen langen warmen Abenden? Bis in die Dämmerung können wir gemütlich im Garten sitzen, gemeinsam schwatzen, lachen und genießen. Oder an freien Tagen alle Leckereien in einen großen Korb packen und an ein schattiges Plätzchen im Wald oder an den Strand fahren. So stellt man sich den Sommer vor und mit den Rezepten in diesem Kapitel können Sie all die Tage im Freien auch kulinarisch wunderbar genießen.

NUDELSALAT

MIT ROTEM PESTO

FÜR DEN SALAT

500 g Nudeln (z. B. Fusilli)
Salz
1 Bund Rucola
6–8 Minipaprika
100 g Schafskäse
10–15 entsteine schwarze Oliven

FÜR DAS DRESSING

8 EL Öl
7 EL Weißweinessig
1–1½ TL Zucker
1 TL Salz
1 Msp. frisch gemahlener Pfeffer
2–3 EL rotes Pesto

20 MIN X 4

♥ Die Nudeln in reichlich Salzwasser nach Packungsanleitung bissfest kochen. Den Rucola verlesen, waschen, trocken schütteln und in mundgerechte Stücke zupfen. Die Minipaprika waschen, vom Stielansatz befreien und in schmale Ringe schneiden. Den Schafskäse klein würfeln und die Oliven abtropfen lassen.

♥ Für das Dressing alle Zutaten in ein sauberes verschließbares Glas füllen und kräftig schütteln oder alles in einer Schüssel gut verquirlen.

♥ Die Nudeln in eine große Schale geben, Rucola, Paprika, Schafskäse und Oliven untermischen. Das Dressing darübergeben, nochmals vorsichtig vermischen und servieren.

KARTOFFELSALAT

MIT LIMETTENDRESSING

FÜR DEN SALAT

900 g junge Kartoffeln
Salz
250 g Zuckerschoten
1 Schalotte

FÜR DAS DRESSING

1 unbehandelte Limette
2 EL Weißweinessig
2 TL Dijonsenf
½ TL Zucker
Salz
frisch gemahlener Pfeffer
6–7 EL Olivenöl
1 EL Kapern

40 MIN · X 4

♥ Die Kartoffeln waschen und unter fließendem Wasser gründlich abbürsten. In einem großen Topf mit Salzwasser 20–30 Minuten gar kochen. In der Zwischenzeit die Zuckerschoten waschen, die Enden abknipsen und etwa 5 Minuten in Salzwasser blanchieren. Die Schalotte abziehen und in Scheiben schneiden.

♥ Für das Dressing die Limette halbieren. Eine Hälfte in Scheiben schneiden, von der anderen Hälfte den Saft auspressen. 1 EL Limettensaft, Weißweinessig und Senf in einer großen Schüssel gut verrühren. Mit Zucker, Salz und Pfeffer abschmecken. Das Olivenöl hinzufügen und kräftig verrühren, zuletzt die Kapern dazugeben.

♥ Die gegarten Kartoffeln noch heiß schälen. Große Kartoffeln in Scheiben schneiden, kleinere ganz lassen und mit den Zuckerschoten zum Dressing geben. Alles vorsichtig vermischen. Zuletzt die Zwiebelringe und Limettenscheiben über den Salat verteilen.

1 rote Paprika
1–2 Knoblauchzehen
3–4 EL Olivenöl
Salz
frisch gemahlener Pfeffer
6–8 kleine Tomaten
100 g Schafskäse
80 g Frischkäse
1–2 TL Weißweinessig

20 MIN x 4

PAPRIKACREME

MIT SCHAFSKÄSE

♥ Die Paprika waschen, halbieren, von den Samen und Scheidewänden befreien und in Würfel schneiden. Die Knoblauchzehen abziehen und fein hacken. Das Olivenöl in einer beschichteten Pfanne erhitzen, die Paprika mit dem Knoblauch 5–7 Minuten anschwitzen, salzen und pfeffern. Abkühlen lassen.

♥ Die Tomaten waschen, halbieren und die Kerne mithilfe eines Melonenausstechers oder eines Löffels entfernen. In kleine Würfel schneiden. Den Schafskäse würfeln.

♥ Die Paprika mit den Tomaten und dem Schafs- und Frischkäse in einer Küchenmaschine oder mit dem Pürierstab pürieren. Mit Weinessig, Salz und Pfeffer abschmecken. In kleine Schälchen füllen und servieren.

BUTTER

MIT SALBEI

FÜR DIE SALBEIBUTTER
10 Salbeiblätter
125 g Butter

10 MIN x 4

FÜR DIE KRÄUTERBUTTER
125 g weiche Butter
100 g Schafskäse
2 Frühlingszwiebeln, in Ringe geschnitten
1 Knoblauchzehe, gehackt
6–8 frisch gehackte Basilikumblätter
Salz
frisch gemahlener Pfeffer
½–1 TL Zitronensaft

25 MIN x 4

- Die Salbeiblätter waschen und trocken tupfen. In einer Pfanne 1 EL Butter erhitzen und die Salbeiblätter bei mittlerer Temperatur anbraten. Abkühlen lassen und zwei Drittel der Blätter grob hacken. Alles beiseitestellen.
- Die restliche Butter in einer Pfanne aufschäumen, dabei nicht zu heiß werden lassen. Warten, bis die Molke verkocht ist und den Schaum mit einer Schaumkelle entfernen. Etwas abkühlen lassen und die Butter durch ein feinmaschiges Sieb in eine Schüssel abseihen. Die geklärte Butter zurück in die Pfanne geben, die ganzen Salbeiblätter zufügen, 15 Minuten ziehen lassen und dann wieder entfernen.
- Nun die gehackten Salbeiblätter unterrühren und die Butter in ein Gefäß füllen, mit den ganzen Salbeiblättern dekorieren und kühl stellen.

MIT KRÄUTERN

- Die weiche Butter und den Schafskäse mit den Quirlen des Handrührgerätes schaumig schlagen. Frühlingszwiebeln, Knoblauch und Basilikum unter die Masse rühren und mit Salz, Pfeffer und Zitronensaft abschmecken.
- Die Buttermasse in eine Schale geben oder zu einer Rolle formen und in Butterbrotpapier wickeln. Kühl stellen.

TIPP

Die Salbeibutter passt gut zu Stockbrot (Rezept siehe Seite 97).

SALZSTANGEN

MIT SESAM UND KRÄUTERN

FÜR DEN TEIG
350 g Mehl
½ Würfel frische Hefe
1 TL Zucker
½–1 TL Salz
1 Ei
3 EL Olivenöl

Mehl für die Arbeitsfläche

ZUM BESTREUEN
½ Bund frische Kräuter (z. B. Rosmarin, Thymian)
1 Ei
4–6 EL Sesam
grobes Meersalz

25 MIN + 65 MIN

X 4 (32 STANGEN)

Für den Teig das Mehl in eine Schüssel geben und eine Mulde formen. Die Hefe hineinbröckeln, 3–4 EL lauwarmes Wasser dazugeben und rühren, bis sich die Hefe aufgelöst hat. Etwa 150 ml Wasser, Zucker, Salz, Ei und Olivenöl zufügen und alles mit den Knethaken des Handrührgerätes oder mit den Händen zu einem geschmeidigen Teig verarbeiten. Zugedeckt an einem warmen Ort 30 Minuten gehen lassen, bis sich das Volumen des Teigs verdoppelt hat.

Auf einer bemehlten Arbeitsfläche den Teig mit den Händen kräftig durchkneten, eventuell mehr Mehl hinzufügen. Den Teig vierteln und jedes Viertel halbieren. Jedes so entstandene Teigstück wiederum vierteln, bis 32 Teigstücke entstanden sind. Jedes zu einer Rolle mit einer Länge von etwa 20 cm formen und auf ein mit Backpapier ausgelegtes Backblech legen. Weitere 10–20 Minuten zugedeckt an einem warmen Ort gehen lassen.

Den Backofen auf 200 °C vorheizen. Die Kräuter waschen, trocken schütteln, die Blätter abzupfen und klein hacken. Das Ei in ein Glas geben und mit der Gabel aufschlagen. Die Teigstangen mit Ei bepinseln und mit Sesam, Meersalz und/oder Kräutern bestreuen. Im Backofen 12–16 Minuten backen, bis die Stangen eine goldbraune Farbe haben.

TIPP

Die Stangen können mit allen erdenklichen Kräutern und Samen bestreut werden. Seien Sie kreativ!

LAUGENBROT

NACH RICKIS UND PEPAS ART

FÜR DEN TEIG
540 ml Milch
1 TL Zucker
1 Würfel frische Hefe
750 g Mehl
2–3 TL Salz
2–3 EL frisch gehackter Rosmarin
4 EL Rapsöl

Mehl für die Arbeitsfläche

FÜR DIE LAUGE
3 EL Natron

ZUM BESTREUEN
1–2 EL Meersalz
2 TL gemahlener getrockneter Rosmarin

Butter und Salz zum Servieren

30 MIN + 90 MIN

X 6 (2 BROTE)

♥ In einem kleinen Topf 250 ml Milch erwärmen. Die lauwarme Milch in eine Schüssel gießen, den Zucker zugeben und den Hefewürfel darin auflösen.

♥ Das Mehl, Salz und den gehackten Rosmarin in einer großen Rührschüssel vermengen und eine Mulde hineindrücken. Die aufgelöste Hefe, die restliche Milch und das Rapsöl zugeben und den Teig mit den Knethaken des Handrührgerätes oder mit den Händen zu einem geschmeidigen Teig verarbeiten. Bei Bedarf noch etwas mehr Mehl hinzufügen. Den Teig zugedeckt an einem warmen Ort 30–40 Minuten gehen lassen, bis der Teig sein Volumen deutlich vergrößert hat.

♥ Auf einer bemehlten Arbeitsfläche mit den Händen gut durchkneten und zu zwei Brotlaiben formen. Die Brotlaibe auf ein mit Backpapier ausgelegtes Backblech legen. Zugedeckt weitere 15 Minuten gehen lassen.

♥ Den Backofen auf 200 °C vorheizen. In der Zwischenzeit in einem großen Topf 2 l Wasser zum Kochen bringen. Das Natron zugeben, den Topf vom Herd nehmen und umrühren. Einen Brotlaib in die Lauge geben, nach 30–40 Sekunden mithilfe einer Schöpfkelle oder eines Pfannenwenders umdrehen und für weitere 30–40 Sekunden in der Lauge belassen. Vorsichtig mit der Schöpfkelle und/oder dem Pfannenwender aus der Lauge nehmen und auf das Backblech legen. Mit dem zweiten Brotlaib genauso verfahren und beide mit Meersalz und dem gemahlenem Rosmarin bestreuen.

♥ Die Brote auf der mittleren Schiene im Backofen 30–40 Minuten backen. Die Brote sind fertig, wenn die Kruste schön hellbraun glänzt und es beim Beklopfen hohl klingt. Auf einem Gitter leicht abkühlen lassen und noch warm mit Butter und Salz servieren.

EIN HEISSER TAG AM SEE, WIR SUCHEN UNS EIN SCHATTIGES PLÄTZCHEN UNTER ALTEN BÄUMEN, GENIESSEN DAS ERFRISCHENDE BAD UND MACHEN UNSERE ANGELN FERTIG.

SANDWICH
MIT RÄUCHERLACHS UND MEERRETTICH

8 Scheiben Vollkorntoast
8 EL Sahnemeerrettich
200 g Räucherlachs (in Scheiben)
1 Bund Dill
50 g Eisbergsalat

15 MIN x 4

♥ Die Toastscheiben goldbraun toasten. Alle Brotscheiben mit je 1 EL Sahnemeerrettich bestreichen, den Lachs auf vier Scheiben verteilen.

♥ Dill und Salat waschen und trocken schütteln. Den Dill von den Stielen zupfen und den Salat in mundgerechte Stücke reißen. Beides auf dem Lachs verteilen. Die restlichen Toastscheiben auf den Lachs legen und leicht andrücken.

4 Hühnchenbrustfilets (à 150 g)
1 kleiner Topf Basilikum
4 Salatblätter (z. B. Eisbergsalat)
100 g Ricotta
Zitronenpfeffer
(Gewürzmischung)
2 EL Olivenöl
Salz
frisch gemahlener Pfeffer
4 Ciabattabrötchen

30 MIN X 4

CIABATTA

MIT HÜHNCHENBRUST UND BASILIKUM

Die Hühnchenbrüste kalt waschen und trocken tupfen. Vom Basilikum die Blätter abzupfen, waschen und trocken schütteln. Salat ebenfalls waschen und Blätter trocken schütteln.

Die Hühnchenbrüste seitlich einschneiden, sodass eine Tasche entsteht. In jede Tasche 1–2 EL Ricotta, etwa 1 TL Zitronenpfeffer und 4–5 Basilikumblätter füllen und gut zudrücken. In einer Pfanne das Olivenöl erhitzen, die Hühnchenbrüste von jeder Seite 8–10 Minuten braten, bis das Fleisch gar ist. Salzen und pfeffern.

Die Brötchen aufschneiden, in einer Pfanne oder auf dem Toaster anrösten und mit dem restlichen Ricotta bestreichen. Jedes Brötchen mit je einem Salatblatt und Basilikumblättern belegen.

Die Hühnchenbrüste in die Brötchen geben und nach Belieben mit Zitronenpfeffer nachwürzen.

TEIGTASCHEN

GEFÜLLT MIT GETROCKNETEN TOMATEN

FÜR DEN TEIG
320–350 g Mehl
15 g frische Hefe
½–1 TL Zucker
½–1 TL Salz
2–3 EL Olivenöl

FÜR DIE FÜLLUNG
50 g in Öl eingelegte getrocknete Tomaten
2 Knoblauchzehen
100 ml Tomatenmark
2 EL frisch gehackter oder getrockneter Rosmarin (oder Estragon)
3–4 EL Olivenöl

Mehl für die Arbeitsfläche

ZUM BESTREUEN
1 Ei
2–3 EL Sesam

30 MIN + 45 MIN X 11–13

- Das Mehl in eine Schüssel geben und eine Mulde formen. Die Hefe in die Mulde bröckeln, 3–4 EL lauwarmes Wasser dazugeben und rühren, bis sich die Hefe aufgelöst hat. Etwa 150 ml Wasser, Zucker, Salz und Olivenöl hinzufügen und alles mit den Knethaken des Handrührgerätes oder mit den Händen zu einem geschmeidigen Teig verarbeiten. Zugedeckt an einem warmen Ort 30 Minuten gehen lassen, bis sich das Volumen des Teigs verdoppelt hat.

- Für die Füllung die getrockneten Tomaten abtropfen lassen und klein schneiden. Die Knoblauchzehen abziehen und fein hacken. In einer Schüssel die getrockneten Tomaten mit Tomatenmark, Knoblauch, Rosmarin und Olivenöl mischen. Den Backofen auf 225 °C vorheizen.

- Auf der bemehlten Arbeitsfläche den Teig mit den Händen kräftig durchkneten, nach Bedarf etwas mehr Mehl hinzufügen. Den Teig ausrollen und mit einem Glas Kreise ausstechen. Die Füllung mittig auf die Teigkreise verteilen. Die Ränder der Kreise mit Wasser bepinseln und dann die Kreise zusammenklappen. Die Ränder mithilfe einer Gabel kräftig zusammendrücken, damit die Füllung beim Backen nicht ausläuft. Die Taschen auf ein mit Backpapier ausgelegtes Backblech geben. Das Ei aufschlagen, die Oberseiten der Teigtaschen damit bepinseln und mit dem Sesam bestreuen.

- Im Backofen 15–20 Minuten backen, bis die Teigtaschen goldbraun sind.

MINIQUICHES

MIT RÄUCHERLACHS

FÜR DEN TEIG
200 g Mehl
175 g kalte Butter
½ TL Salz

Butter für die Form

FÜR DIE LACHSFÜLLUNG
1–2 Schalotten
70 g Schafskäse
150 g Räucherlachs (in Scheiben)
1 TL Olivenöl
2 Eier
80 ml Milch
1–2 TL geriebener Meerrettich
Salz
frisch gemahlener Pfeffer

35 MIN + 70 MIN X 18–22

♥ Für den Teig Mehl, kalte Butter und Salz mit den Händen rasch verkneten, bis ein glatter Teig entstanden ist, bei Bedarf etwas kaltes Wasser unterkneten. In Folie gewickelt für 30 Minuten kalt stellen.

♥ Den Teig in etwa 18 Stücke teilen. Die Mulden einer Muffinbackform einfetten, den Teig auf die Mulden verteilen, gut andrücken und dabei einen Rand stehen lassen. Die Form für weitere 15 Minuten kalt stellen.

♥ In der Zwischenzeit die Füllung zubereiten. Die Schalotten abziehen und fein hacken. Den Schafskäse würfeln und den Räucherlachs klein schneiden. In einer Pfanne das Olivenöl erhitzen und die Schalotten glasig anschwitzen. Etwas abkühlen lassen.

♥ Den Backofen auf 200 °C vorheizen. Die Eier in einer Schüssel verquirlen. Die Schalotten, Schafskäse, Räucherlachs, Milch und Meerrettich dazugeben und alles verrühren. Mit Salz und Pfeffer würzen. Die Füllung auf die Förmchen verteilen und im Backofen 20–25 Minuten backen. Mit dem restlichen Teig genauso verfahren.

MIT SCHINKEN UND THYMIAN

FÜR DIE SCHINKENFÜLLUNG
1–2 Schalotten
120 g Schinken
1 TL Olivenöl
2 Eier
80 ml Milch
2 EL frisch gehackter oder getrockneter Thymian (oder Rosmarin)
1 Msp. frisch gemahlener Pfeffer
50–70 g Parmesan, gehobelt

35 MIN + 70 MIN X 18–22

♥ Den Teig wie im oberen Rezept beschrieben zubereiten und weiterverabeiten. Für die Füllung die Schalotten abziehen und fein hacken. Den Schinken klein schneiden. In einer Pfanne das Olivenöl erhitzen und die Schalotten glasig anschwitzen. Etwas abkühlen lassen.

♥ Den Backofen auf 200 °C vorheizen. Die Eier in einer Schüssel verquirlen. Die Schalotten, Schinken, Milch und Thymian dazugeben und alles verrühren. Mit Pfeffer würzen. Die Füllung auf die Förmchen verteilen, mit dem gehobelten Parmesan bestreuen und im Backofen 20–25 Minuten backen. Mit dem restlichen Teig genauso verfahren.

4 Hühnchenbrustfilets
2 Knoblauchzehen
4 EL Olivenöl
4 EL dunkle Sojasauce

8 Holzspieße

30 MIN + 1–2 STD   X 4

HÜHNCHENSPIESSE

IN KNOBLAUCHMARINADE

♥ Die Hühnchenbrustfilets gut waschen, trocken tupfen und je nach Dicke längs halbieren und in breite Streifen schneiden. In eine Schale legen. Die Knoblauchzehen abziehen und fein hacken.

♥ Für die Marinade 3 EL Olivenöl, Sojasauce und Knoblauch verquirlen und über die Hühnchenbruststreifen geben. Das Fleisch darin für 1–2 Stunden marinieren und gelegentlich wenden.

♥ Das Fleisch aus der Marinade nehmen und längs auf die Spieße stecken. In einer Pfanne 1 EL Olivenöl erhitzen und die Spieße pro Seite etwa 5 Minuten braten.

TIPP

Die Hühnchenspieße lassen sich auch wunderbar auf dem Grill zubereiten.

KAROTTENTARTE

MIT CRÈME FRAÎCHE

FÜR DEN TEIG
200 g Mehl
100 g kalte Butter
1 Prise Salz
2 EL Zucker

Butter für die Form
Mehl für die Arbeitsplatte

FÜR DIE FÜLLUNG
10 g frischer Ingwer
600 g Karotten
1 Schalotte
30 g Butter
Salz
frisch gemahlener Pfeffer
100 g Crème fraîche
30 g Mandelblättchen

40 MIN + 60 MIN X 4

Für den Teig das Mehl mit der kalten Butter, dem Salz, dem Zucker und 3 EL Wasser rasch mit den Händen oder mit den Knethaken des Handrührgeräts zu einem glatten Teig verkneten. In Folie gewickelt für etwa 30 Minuten kalt stellen.

Den Backofen auf 200 °C vorheizen. Eine Tarteform (ø 26 cm) ausbuttern. Den Teig auf einer bemehlten Arbeitsfläche ausrollen und die Form damit auskleiden. Den Teig am Rand andrücken, den Boden mehrfach mit einer Gabel einstechen. Im Backofen etwa 15 Minuten goldbraun backen, herausnehmen und den Boden abkühlen lassen.

In der Zwischenzeit für die Füllung den Ingwer schälen und fein würfeln. Die Karotten putzen, schälen und in schräge, dünne Scheiben schneiden oder hobeln. Die Schalotte abziehen und in Scheiben schneiden.

In einer Pfanne die Butter erhitzen und den Ingwer und die Karotten anschwitzen. Salzen und pfeffern und mit 50 ml Wasser ablöschen. Bei niedriger Temperatur 5–7 Minuten garen, bis das Wasser verdampft ist.

Die Crème fraîche auf dem Teigboden verstreichen, die Karotten-Ingwer-Mischung und die Schalotte darübergeben, zum Schluss mit den Mandelblättchen bestreuen und weitere 10–15 Minuten backen.

DAS BESTE AM PICKNICK
SIND DIE SÜSSEN
LECKEREIEN.

TÖRTCHEN

MIT JOHANNISBEEREN UND STACHELBEEREN

FÜR DIE FÜLLUNG
150 g frische Rote Johannisbeeren
150 g frische grüne Stachelbeeren

FÜR DEN TEIG
150 g Butter
180 g Zucker
2 Eier
250 g Mehl
2 TL Backpulver
150 ml Milch

22–24 Papierförmchen

25 MIN + 20 MIN X22–24

♥ Den Backofen auf 200 °C vorheizen. Die Johannisbeeren und die Stachelbeeren waschen. Die Johannisbeeren von den Rispen streifen.

♥ Für den Teig in einem Topf die Butter schmelzen und abkühlen lassen. Zucker und geschmolzene Butter schaumig aufschlagen. Nach und nach die Eier unterrühren. Das Mehl mit dem Backpulver vermischen und auf die Eimasse sieben. Die Milch dazugeben und verrühren.

♥ Die Papierförmchen auf ein Blech stellen, den Teig in die Förmchen füllen und die Stachelbeeren und Johannisbeeren auf die Küchlein verteilen. Im Backofen auf der mittleren Schiene 20 Minuten backen.

SOMMERWAFFELN

MIT KIRSCHEN UND SAHNE

FÜR DEN TEIG
150 g Butter
2 Eier
4 EL Zucker
200 g Mehl
¼ TL Backpulver
1 Prise Salz
300 ml Milch
100 ml Mineralwasser

Butter für das Waffeleisen

ZUM SERVIEREN
200 g frische Kirschen (oder anderes Obst, z. B. Erdbeeren)
200 g Sahne (mind. 30% Fett)
Puderzucker zum Bestauben
150–200 g Kirschkonfitüre (oder andere Konfitüre z. B. aus Erdbeeren)

35 MIN | X 8–10

♥ In einem Topf die Butter schmelzen und abkühlen lassen. Die Eier mit dem Zucker schaumig schlagen, die lauwarme Butter dazugeben und unterrühren. Mehl, Backpulver und Salz vermischen und mit der Milch und dem Mineralwasser abwechselnd unter die Masse rühren, bis ein glatter Teig entstanden ist.

♥ Das Waffeleisen vorheizen. Die beiden Backflächen mit etwas Butter einpinseln. 3 EL von dem Teig in die Mitte des Eisens geben, gleichmäßig verstreichen. Waffeleisen schließen und den Teig in 2–3 Minuten hellbraun ausbacken. Die fertigen Waffeln auf einem Kuchengitter abkühlen lassen.

♥ Die Kirschen waschen und die Schlagsahne steif schlagen. Die Waffeln mit Puderzucker bestauben und mit Sahne, Kirschen und Konfitüre servieren.

SANDKUCHEN

MIT BLAUBEEREN

Butter für die Form

400 g frische Blaubeeren
125 g weiche Butter
(oder Margarine)
130 g Zucker
2 TL Vanillezucker
3 Eier
250 g Mehl
2 TL Backpulver
4 EL Milch

Puderzucker zum Bestauben

25 MIN + 50 MIN

X 12 (1–2 KUCHEN)

♥ Eine Springform (ø 26 cm) oder zwei kleinere Formen buttern und den Boden mit Backpapier auslegen. Den Backofen auf 180 °C vorheizen. Die Blaubeeren verlesen und waschen.

♥ Die weiche Butter mit dem Zucker und dem Vanillezucker schaumig schlagen. Nach und nach die Eier unterrühren. Mehl und Backpulver vermischen und mit der Milch abwechselnd unter die Masse rühren, bis ein glatter Teig entstanden ist.

♥ Den Teig in die Springform füllen, die Blaubeeren gleichmäßig darauf verteilen und leicht eindrücken. Den Kuchen auf der mittleren Schiene im Backofen 45–50 Minuten backen.

♥ Anschließend auf einem Kuchengitter abkühlen lassen und mit Puderzucker bestauben.

SONNENTALER

NACH BRÜSSELER ART

FÜR DEN TEIG
200 g weiche Butter
90 g Zucker
2 TL Vanillezucker
220 g Mehl

FÜR DIE DEKORATION
rote Lebensmittelfarbe
90 g Zucker
40 frische Walderdbeeren, nach Belieben

25 MIN + 40 MIN X40

Die weiche Butter mit den Quirlen des Handrührgerätes cremig aufschlagen. Zucker, Vanillezucker und Mehl dazugeben und zunächst mit den Knethaken des Handrührgerätes, dann mit den Händen zu einem glatten Teig verarbeiten. Den Teig zu zwei Rollen mit etwa 4 cm Durchmesser formen. Die Teigrollen in Frischhaltefolie wickeln und etwa 30 Minuten kalt stellen.

Für die Dekoration einige Tropfen Lebensmittelfarbe mit einigen Tropfen Wasser verdünnen, den Zucker zugeben und gut vermischen. Den gefärbten Zucker möglichst gleichmäßig auf ein Backpapier verteilen und die Teigrollen darin wälzen.

Den Backofen auf 175 °C vorheizen. Ein Backblech mit Backpapier auslegen. Die Teigrollen mit einem scharfen Messer in etwa 5 mm dicke Scheiben schneiden. Die Scheiben auf das Backpapier legen. Die Kekse auf der mittleren Schiene im Ofen etwa 10 Minuten hellbraun backen. Auf einem Kuchengitter abkühlen lassen. Nach Belieben die Sonnentaler mit den Walderdbeeren garnieren.

WASSERMELONE
MIT FRÜCHTEN

½ Wassermelone
1 Ananas
300–400 g frische Erdbeeren

20 MIN x 4

- Das Fruchtfleisch der Wassermelone zunächst mithilfe eines Messers aus der Schale lösen. Mit einem Löffel die Melonenschale innen nacharbeiten, sodass diese gleichmäßig aussieht. Das Fruchtfleisch von Kernen weitestgehend befreien und in kleine Stücke schneiden. Beiseitestellen.

- Die Ananas mit einem großen, scharfen Messer zunächst von Krone und Blütenansatz befreien. Die Frucht vierteln, schälen und den Strunk herausschneiden. Das Fruchtfleisch klein schneiden.

- Die Erdbeeren waschen, putzen und nach Belieben halbieren. Alle Früchte in die Wassermelonenschale geben und servieren.

TIPP

Mit Sekt oder Holunderblütensaft aufgefüllt, ergibt die Melone eine fruchtige Bowle.

1 kg Rhabarber
400 g Zucker
Saft von 2 Zitronen

40 MIN · x 2

RHABARBERSAFT

SELBST GEMACHT

♥ Den Rhabarber waschen und putzen. Die Stangen schälen und in 2–3 cm lange Stücke schneiden. In einem Topf mit 2 l Wasser etwa 15 Minuten kochen lassen, dabei nur wenig umrühren.

♥ Alles durch ein Sieb in einen zweiten Topf abseihen. Den klaren Saft zum Sieden bringen, den Zucker und den Zitronensaft dazugeben und rühren, bis sich der Zucker aufgelöst hat. Den Saft in zwei vorbereitete saubere Flaschen füllen.

TIPP

Den Rhabarbersaft als Schorle mit Mineralwasser oder als Aperitif mit Sekt verdünnen.

ZUM GRILLEN

Natürlich darf das Grillfest im Sommer nicht fehlen. Mit allerlei Leckerem vom Grill und den passenden Beilagen sind alle Freunde, Familie und Nachbarn schnell und einfach versorgt und der Tag kann entspannt genossen werden. Ob auf der Terrasse zu Hause oder am Grillplatz im Wald, genießen Sie die entspannte Atmosphäre. Und zum Nachtisch darf natürlich die passende Süßigkeit nicht fehlen ... Mit diesen Rezepten sind Sie für die nächste Grillparty bestens vorbereitet.

WEIZENSALAT

MIT BUNTEM GEMÜSE

FÜR DEN SALAT

250 g Zartweizen (z. B. Ebly)
70 g Babyspinat
1 Bund Rucola
100 g Eisbergsalat
2 Schalotten
½ Salatgurke
1 Bund Radieschen
3–4 Karotten
150 g Zuckerschoten
Salz

FÜR DAS DRESSING

6 EL Olivenöl
4 EL Balsamicoessig
1–2 TL Dijonsenf
1 TL Honig
Salz
frisch gemahlener Pfeffer
Chiliflocken

30 MIN — X 4

- Den Weizen nach Packungsanleitung in Gemüsebrühe gar kochen, abseihen und abkühlen lassen.

- Babyspinat und Rucola verlesen, waschen und gut trocken schütteln. Den Eisbergsalat putzen, waschen, trocken schütteln und in mundgerechte Stücke zupfen. Die Schalotten abziehen und in Scheiben schneiden. Die Gurke gut waschen, halbieren und ebenfalls in dünne Scheiben schneiden. Die Radieschen waschen, putzen und vierteln. Die Karotten putzen, schälen und mithilfe eines Sparschälers in dünne Streifen hobeln. Die Zuckerschoten waschen, die Enden abknipsen und 5 Minuten in Salzwasser blanchieren. Danach in Stücke schneiden. Die Salate, das Gemüse und den Weizen in eine große Schale geben und vorsichtig miteinander vermischen.

- Für das Dressing Olivenöl, Balsamicoessig, Dijonsenf und Honig gut verquirlen, mit Salz, Pfeffer und Chiliflocken abschmecken, in ein kleines Kännchen füllen und zum Salat servieren.

LOUVOYAGE

STOCKBROT
VOM GRILL

FÜR DEN TEIG
500 g Mehl
1 Würfel Hefe
½ TL Zucker
½ TL Salz
2 EL Olivenöl

12 Holzstöcke
(80–100 cm lang, die Spitze nach Belieben von der Rinde befreit)

ZUM BESTREUEN
½ TL getrockneter Rosmarin
½ TL grobes Meersalz

25 MIN + 40 MIN

X 4 (12 BROTE)

♥ Das Mehl in eine Schüssel geben und in die Mitte eine Mulde drücken. Die Hefe in die Mulde bröseln und mit 3 EL lauwarmem Wasser und dem Zucker verrühren. Salz, 165 ml Wasser und Öl hinzufügen und mit den Händen zu einem glatten Teig verarbeiten. Der Teig sollte sich leicht vom Schüsselrand lösen, nach Bedarf noch etwas Wasser oder Mehl hinzufügen. Den Teig zugedeckt 30–40 Minuten an einem warmen Ort gehen lassen.

♥ Den Teig in zwölf gleich große Stücke teilen und zu langen, etwa 4 cm dicken Stängeln rollen. Diese spiralförmig um die Stockspitzen wickeln, mit Rosmarin und grobem Meersalz bestreuen.

♥ Das Stockbrot in die Glut halten, nicht in die offene Flamme, dabei immer wieder drehen. Das Stockbrot ist fertig, wenn es rundherum eine goldbraune Farbe hat.

FOCACCIA

MIT ROSMARIN UND KNOBLAUCH

♥ Die Hefe zerbröckeln und mit 3–4 EL lauwarmem Wasser verrühren, bis die Hefe aufgelöst ist. Das Mehl in eine Schüssel geben, in die Mitte eine Mulde drücken. Die angerührte Hefe hineingießen, 210 ml Wasser, Salz und Olivenöl hinzufügen und mit den Knethaken des Handrührgerätes oder mit den Händen zu einem geschmeidigen Teig verarbeiten. Falls der Teig zu sehr klebt, nach Bedarf etwas Mehl hinzufügen. Zugedeckt an einem warmen Ort 30 Minuten gehen lassen, bis sich das Volumen des Teigs verdoppelt hat.

♥ Auf einer bemehlten Arbeitsfläche den Teig mit den Händen kräftig durchkneten. Den Teig zu einem etwa 2 cm dicken rechteckigen Fladen ausrollen und auf ein mit Backpapier ausgelegtes Backblech legen. Dünn mit Olivenöl bepinseln und mit Frischhaltefolie abdecken. Weitere 30–40 Minuten gehen lassen.

♥ Den Backofen auf 200 °C vorheizen. Die Folie vom Teig abziehen und mit dem Finger in gleichmäßigen Abständen kleine Mulden in den Teig drücken.

♥ Die Knoblauchzehen abziehen, durch eine Presse drücken und mit 7–8 EL Olivenöl vermischen. Den Teig vorsichtig damit bepinseln. Mit Rosmarin und Meersalz bestreuen.

♥ Die Focaccia im Backofen auf der untersten Schiene etwa 20 Minuten backen, bis sie eine goldbraune Farbe hat. Mit dem restlichen Olivenöl beträufeln und noch warm servieren.

FÜR DEN TEIG

½ Würfel frische Hefe
400–450 g Mehl
½ TL Salz
3–4 EL Olivenöl

Mehl für die Arbeitsfläche
Olivenöl zum Bepinseln

ZUM BESTREUEN

2 Knoblauchzehen
10 EL Olivenöl
1–2 EL frisch gehackter Rosmarin
1–2 TL grobes Meersalz

35 MIN + 90 MIN

X 4 (1 GROSSES BLECH)

4–6 Tomaten
1–2 Knoblauchzehen
1 rote Zwiebel
4 EL Olivenöl
4 Baguettebrötchen
4 EL fein gehacktes frisches Basilikum
Salz
frisch gemahlener Pfeffer

20 MIN X 4

BRUSCHETTA

GEGRILLT, MIT TOMATEN

♥ Die Tomaten waschen und in Scheiben schneiden. Die Knoblauchzehen und die Zwiebel abziehen, in feine Würfel schneiden und mit dem Öl vermischen. Die Brötchen längs aufschneiden, die unteren Hälften jeweils mit Tomatenscheiben belegen. Das Zwiebel-Knoblauch-Öl auf den Tomaten verteilen, Basilikum darübergeben und mit Salz und Pfeffer würzen. Das Oberteil der Brötchen auflegen und in Aluminiumfolie einschlagen.

♥ Die eingewickelten Brötchen für 6–10 Minuten an den Rand des Grills legen, dabei mehrmals umdrehen.

TIPP

Die Brötchen müssen unbedingt indirekt gegrillt und gut beaufsichtigt werden, da sie schnell verbrennen.

KARTOFFELN

MIT RUCOLAPESTO

FÜR DIE KARTOFFELN

800 g junge Kartoffeln (15–20 Stück)
2 EL Olivenöl
Meersalz

FÜR DAS PESTO

100 g Rucola
50–60 g Sonnenblumenkerne
150 ml Olivenöl
1–2 Knoblauchzehen
100 g Parmesan, gerieben

20 MIN + 30 MIN | X 4

♥ Die Kartoffeln unter fließendem Wasser gründlich abbürsten. In einem Topf mit ausreichend Wasser etwa 15 Minuten vorkochen. Abkühlen lassen. Olivenöl und Meersalz in eine Schüssel geben und die Kartoffeln darin schwenken, sodass sie rundum mit Öl bedeckt sind. Jede einzeln in Aluminiumfolie wickeln und für 10–15 Minuten direkt in die Glut oder auf den Grillrost legen. Dabei mehrmals wenden.

♥ Für das Pesto den Rucola verlesen, waschen, trocken schütteln und in kleinere Stücke zupfen. Mit den Sonnenblumenkernen und dem Olivenöl in einer Küchenmaschine oder mit dem Pürierstab grob pürieren. In eine Schüssel geben.

♥ Die Knoblauchzehen abziehen, durch eine Presse drücken und mit dem geriebenem Parmesan unter das Rucolapesto rühren. Die noch heißen Kartoffeln längs oder an der spitzen Seite über Kreuz einschneiden, das Pesto daraufgeben und servieren.

TIPP

Die Kartoffeln können auch im Backofen zubereitet werden. Dafür müssen sie nicht vorgekocht werden. Bei 225 °C auf einem mit Backpapier ausgelegten Blech je nach Größe 30–60 Minuten backen.

GEMÜSE
GEGRILLT

Öl für die Auflaufform

1 Bund grüner Spargel
1 Bund junge Karotten
1 Knoblauchzehe
1 Bund rote Frühlingszwiebeln
Salz
frisch gemahlener Pfeffer
4–6 EL Olivenöl
1–2 EL frisch gehackter oder getrockneter Thymian (oder Estragon)

45 MIN + 25 MIN — X 4

♥ Eine ofenfeste Auflaufform mit Öl ausstreichen. Den Backofen auf 225 °C vorheizen. Vom grünen Spargel nur den unteren, verholzten Teil schälen und die Enden der Stangen unten abschneiden. Die Karotten unter fließendem Wasser gründlich abbürsten, das Grün 1–2 cm lang an der Wurzel belassen. Die Knoblauchzehe abziehen und in dünne Scheiben schneiden. Die Frühlingszwiebeln waschen, putzen, vom Grün befreien und die Zwiebeln vierteln.

♥ Das Gemüse in eine Grillschale geben, salzen und pfeffern. Das Olivenöl, den Knoblauch und den Thymian gleichmäßig darüber verteilen. Auf dem Grill 2–3 Minuten grillen, zwischendurch wenden.

TIPP

Alternativ kann das Gemüse auch im Ofen zubereitet werden. Dazu alles in eine ofenfeste Form geben und würzen. Bei 180 °C etwa 25 Minuten backen.

8 mittelgroße Tomaten
1 rote Zwiebel
1–2 Knoblauchzehen
1–2 EL Olivenöl
2–3 Scheiben Gouda
200 g gemischtes Hackfleisch
Salz
frisch gemahlener Pfeffer
4–6 EL frisch geriebener Parmesan

eventuell Öl für die Grillschale

30 MIN · X 4

GEFÜLLTE TOMATEN

VOM GRILL

Die Tomaten waschen, oben jeweils einen Deckel abschneiden und mit einem Löffel die Kerne entfernen. Das Fruchtfleisch aus den Deckeln und den Tomaten herauslösen. Zwiebel und Knoblauchzehen abziehen, fein hacken und mit dem Öl mischen. Den Gouda klein schneiden.

Das Hackfleisch salzen und pfeffern und die Tomaten zu drei Vierteln damit füllen. Das Zwiebel-Knoblauch-Öl auf dem Hackfleisch verteilen. Darauf den Gouda geben und mit dem Parmesan bestreuen. Jeweils den abgeschnittenen Deckel auf die gefüllten Tomaten legen.

Jede Tomate in Aluminiumfolie wickeln oder in eine eingeölte Grillschale legen und am Rand des Grills mit wenig Glut 8–12 Minuten grillen, bis das Hackfleisch durch ist.

HACKSPIESSE

GEGRILLT, MIT TOMATEN

2 Kartoffeln
1 große Zwiebel
400 g gemischtes Hackfleisch
2 Eier
1 ½ TL Salz
½ TL frisch gemahlener Pfeffer
etwa 2 EL Milch, Sahne oder Wasser
24 Cocktailtomaten

12 Holzspieße
eventuell Olivenöl für die Grillschale

30 MIN — X 4

♥ Die Kartoffeln in einem großen Topf in ausreichend Wasser etwa 25 Minuten gar kochen. Abkühlen lassen und mit einer Gabel zerdrücken. Die Zwiebel abziehen und klein hacken. Alles mit dem Hackfleisch vermischen. Eier, Salz und Pfeffer untermischen. Nach und nach die Flüssigkeit hinzufügen, der Teig darf nicht zu flüssig werden.

♥ Die Cocktailtomaten waschen. Aus der Hackfleischmasse 36 Bällchen formen. Je drei Bällchen abwechselnd mit zwei Tomaten auf einen Spieß stecken. Die Spieße entweder direkt auf dem Grill oder in einer eingeölten Grillschale 7–10 Minuten grillen, dabei mehrfach vorsichtig wenden.

HAMBURGER

GEGRILLT

FÜR DEN BRATLING
1–2 Knoblauchzehen
500 g gemischtes Hackfleisch
1 EL Dijonsenf
1 TL Salz
2 Msp. frisch gemahlener Pfeffer
2–3 EL Semmelbrösel

FÜR DEN BURGER
etwa 70 g Salat
(z. B. Eisbergsalat, Rucola)
2 große Tomaten
4 Hamburgerbrötchen
Ketchup oder Barbecuesauce

25 MIN X 4

♥ Die Knoblauchzehen abziehen und fein würfeln. Mit dem Hackfleisch, Dijonsenf, Salz, Pfeffer und den Semmelbröseln gut vermischen. In vier gleich große, etwa 2 cm dicke Hamburger formen.

♥ Die Salatblätter waschen und trocken schütteln. Die Tomaten waschen und in Scheiben schneiden. Die Brötchen aufschneiden.

♥ Die Hamburger auf dem Grillrost bei mittlerer Temperatur 4–6 Minuten von beiden Seiten grillen. Kurz vor Ende der Grillzeit die Brötchenhälften auf den Rand des Grills legen und rösten.

♥ Zum Servieren auf jeden Brötchenboden Salat und einen Hamburger legen. Tomatenscheiben darüber verteilen, einen Klecks Ketchup oder Barbecuesauce daraufgeben und das Ganze mit der oberen Brötchenhälfte abdecken.

TIPP

Zu gegrilltem Hamburger passt wunderbar Tsatsiki (siehe Rezept Seite 114).

SAUCEN

BARBECUE

FÜR DIE BARBECUESAUCE
4 große Fleischtomaten
1 Zwiebel
2 Knoblauchzehen
1 EL Olivenöl
3 EL Tomatenmark
2 EL Sojasauce
1–2 EL Weißweinessig
100 ml Gemüsebrühe
1 EL Dijonsenf
1 TL Zucker
2 TL getrockneter Thymian
3 EL Pflaumenmus
Chiliflocken

30 MIN   X 4

- Die Tomaten waschen, die Stielansätze und die Kerne entfernen. Das Fruchtfleisch in kleine Würfel schneiden. Zwiebel und Knoblauchzehen abziehen und fein hacken.

- In einer Pfanne Olivenöl erhitzen, Zwiebel und Knoblauch glasig anschwitzen. Tomatenmark und Tomatenwürfel dazugeben und kurz mitbraten.

- Mit Sojasauce, Weißweinessig und Gemüsebrühe ablöschen. Dijonsenf, Zucker und Thymian hinzufügen und bei geringer Temperatur die Sauce etwa 20 Minuten köcheln lassen, bis sie eingedickt ist. Das Pflaumenmus einrühren und mit Chiliflocken abschmecken.

TSATSIKI

FÜR DAS TSATSIKI
½ Salatgurke
2 Knoblauchzehen
200 g Joghurt, natur
Salz
frisch gemahlener Pfeffer

10 MIN   X 4

- Die Gurke waschen und grob raspeln. In ein Sieb geben, abtropfen lassen und gut ausdrücken. Die Knoblauchzehen abziehen und fein hacken. Alles mit dem Joghurt vermischen und mit Salz und Pfeffer würzen.

APFEL-MINZ-CHUTNEY

FÜR DAS CHUTNEY
2 Äpfel
2 kleine Zwiebeln
1 Knoblauchzehe
etwa 10 g frischer Ingwer
Saft von 1 Limette
2 TL Minzsauce (aus dem Asialaden)
1 TL Zucker
1 TL Salz

20 MIN   X 4

- Äpfel waschen, putzen, schälen und klein schneiden. Zwiebeln und Knoblauchzehe abziehen, klein würfeln. Den Ingwer schälen und ebenfalls klein schneiden. Alles in eine Küchenmaschine geben und pürieren.

- Limettensaft mit Minzsauce, Zucker und Salz verquirlen und mit der Apfelmischung verrühren. Das Chutney schmeckt gut zu Gegrilltem und zu frischem Brot.

HÜHNCHENSPIESSE

IN MANGOMARINADE

FÜR DIE SPIESSE
4 Hühnchenbrustfilets

FÜR DIE MARINADE
2 Knoblauchzehen
200–250 g Mangochutney
(Rezept siehe unten)
4 EL dunkle Sojasauce
6 EL Olivenöl
1 walnussgroßes Stück
frischer Ingwer, fein gehackt

10–12 Holzspieße

25 MIN + 2 STD · X 4

♥ Die Hühnchenbrustfilets waschen, trocken tupfen und je nach Dicke längs halbieren und in breite Streifen schneiden.

♥ Für die Marinade die Knoblauchzehen abziehen und fein hacken. Mit dem Mangochutney, Sojasauce, Olivenöl und Ingwer verrühren. Das Fleisch für 1–2 Stunden in die Marinade legen und gelegentlich wenden.

♥ Das Fleisch aus der Marinade nehmen und längs auf die Spieße stecken. Auf dem Grill von jeder Seite etwa 5 Minuten grillen.

MANGOCHUTNEY

FÜR DAS CHUTNEY
3 Mangos (à 300–350 g)
2 rote Zwiebeln
1 Knoblauchzehe
3 EL weißer Balsamicoessig
Saft von 1 ½ Limetten
2 EL Zucker
6–7 g Ingwer, frisch gerieben
Chiliflocken
Salz
frisch gemahlener Pfeffer

50 MIN · X 4

♥ Die Mangos schälen, das Fruchtfleisch vom Kern lösen und würfeln. Zwiebeln und Knoblauchzehe abziehen und fein hacken.

♥ In einem Topf Balsamicoessig, Limettensaft und Zucker erhitzen, bis sich der Zucker aufgelöst hat. Mangos, Zwiebeln, Knoblauch, Ingwer und 50 ml Wasser zugeben und 20–25 Minuten köcheln lassen. Mit Chiliflocken, Salz und Pfeffer abschmecken. Abkühlen lassen und in vorbereitete saubere Gläser füllen.

TIPP

Die Hühnchenspieße kann man auch im Backofen bei 200 °C 10–20 Minuten garen.

LACHSFILET
NACH GUNNARS ART

Öl für den Grillrost

1 großes Lachsfilet (800–1000 g)
Salz
frisch gemahlener Pfeffer
1–2 TL Honig, nach Belieben

20 MIN · X 4

♥ Den Grillrost dünn mit Öl einpinseln. Den Lachs mit Küchenpapier abtupfen und eventuell noch vorhandene Gräten entfernen.

♥ Den Fisch auf dem heißen Rost mit der Hautseite nach unten bei geschlossenem Deckel 10–12 Minuten grillen. Zwischendurch immer wieder nachschauen. Falls kein Grilldeckel vorhanden ist, kann der Lachs auch in Aluminiumfolie gewickelt gegrillt werden.

♥ Zum Servieren den Lachs salzen und pfeffern und nach Belieben mit Honig bestreichen.

FORELLE

IM FISCHKORB GEGRILLT

4 Forellen
(à 300–400 g; küchenfertig)
1–2 unbehandelte Zitronen
1 TL Salz
½ EL Zitronenpfeffer
(Gewürzmischung)
4 Zweige frischer Majoran
4 Zweige frischer Estragon

20 MIN x 4

♥ Die Forellen kalt waschen und mit Küchenpapier trocken tupfen. Die Zitronen waschen und in Scheiben schneiden.

♥ Salz und Zitronenpfeffer vermischen und mit den Majoran- und Estragonzweigen und den Zitronenscheiben in die Bauchhöhlen der Fische füllen.

♥ Die Fische in einen Fischkorb geben und bei mittlerer Temperatur auf dem Grill von beiden Seiten je nach Größe 6–10 Minuten grillen. Zum Servieren die Zitronenscheiben und Kräuterzweige entfernen.

NACH DEM GRILLFEST EIN
KURZER SPAZIERGANG BEI
SONNENUNTERGANG

20 Papierförmchen

250 g frische Brombeeren
125 g weiche Butter
(oder Margarine)
140 g Zucker
1–2 TL Vanillezucker
2 Eier
220 g Mehl
2 TL Backpulver
2–4 EL Sahne (mind. 30% Fett)
oder Milch

20 MIN + 20 MIN   X20

MUFFINS
MIT BROMBEEREN

♥ Eine Muffinform mit Papierförmchen auslegen. Den Backofen auf 200 °C vorheizen. Die Brombeeren waschen und trocken tupfen.

♥ Die weiche Butter mit dem Zucker und dem Vanillezucker schaumig schlagen. Nach und nach die Eier unterrühren. Mehl und Backpulver vermischen und mit der Sahne oder der Milch abwechselnd unterrühren, bis ein glatter Teig entstanden ist. Zum Schluss die Brombeeren vorsichtig unterheben.

♥ Die Papierförmchen zu drei Vierteln füllen. Auf der mittleren Schiene des Backofens 15–20 Minuten backen.

TIPP

Nach Belieben können die Brombeermuffins noch mit Apfelspalten (geschält und entkernt) belegt werden. Mit Zimt bestauben und wie beschrieben backen.

KÜCHLEIN

MIT NEKTARINE UND APFEL

12 Papierförmchen oder kleine Kuchenformen
Butter für die Kuchenformen

2 Nektarinen
2 kleine Äpfel
60 g Butter
80 g Zucker
1 TL Vanillezucker
2 Eier
200 g Mehl
2 TL Backpulver
125 g Vanillejoghurt
50 ml Milch

Puderzucker oder Kakaopulver, nach Belieben zum Bestauben

20 MIN + 20 MIN · X 12

♥ Eine Muffinform mit Papierförmchen auslegen oder zwölf kleine Kuchenformen einfetten. Den Backofen auf 180 °C vorheizen. Die Nektarinen und Äpfel waschen, halbieren und entkernen. In Spalten schneiden.

♥ Die Butter schmelzen, abkühlen lassen und mit dem Zucker, dem Vanillezucker und den Eiern schaumig schlagen. Mehl und Backpulver vermischen und mit dem Vanillejoghurt und der Milch abwechselnd unterrühren, bis ein glatter Teig entstanden ist.

♥ Die Papierförmchen zu drei Vierteln füllen und mit den Nektarinen- und Apfelspalten belegen. Auf der mittleren Schiene des Backofens 20–25 Minuten backen. Aus dem Ofen nehmen und nach Belieben mit Puderzucker oder Kakaopulver bestauben.

TIPP

Nach Belieben können vor dem Backen zusätzlich grob gehackte Nüsse über die Küchlein gestreut werden.

SCHOKOKUCHEN

MIT NÜSSEN UND PREISELBEERSAHNE

FÜR DEN TEIG
125 g weiche Butter
100 g Zucker
3 Eier
2 EL Mehl
1 TL Backpulver
30 g Kakaopulver
175 g gemahlene Haselnüsse

FÜR DIE DEKORATION
1 Glas Preiselbeeren
(etwa 200 g Abtropfgewicht)
200–250 ml Sahne (mind. 30% Fett)
1–2 EL Puderzucker
1 Päckchen Sahnesteif
1–2 EL Kakaopulver
1 TL gemahlener Zimt

30 MIN + 25 MIN

X 10 (1 KUCHEN)

♥ Den Backofen auf 190 °C vorheizen. Die weiche Butter mit dem Zucker schaumig schlagen. Nach und nach die Eier unterrühren. Mehl, Backpulver und Kakao vermischen und unterrühren, bis ein glatter Teig entstanden ist. Zum Schluss die gemahlenen Haselnüsse unterheben.

♥ Den Boden einer Springform (ø 24 cm) mit Backpapier auslegen, den Teig hineinfüllen und im Backofen 25 Minuten backen. Auskühlen lassen.

♥ Die Preiselbeeren abtropfen lassen. Die Sahne mit dem Puderzucker und dem Sahnesteif steif schlagen. Die Preiselbeeren auf den abgekühlten Kuchen geben und darüber die Schlagsahne streichen. Zum Servieren das Kakaopulver mit dem Zimt mischen und über den Kuchen sieben.

Butter und Mehl für die Form

100 g Zartbitterschokolade
200 g weiche Butter
200 g Zucker
3 Eier
250 g Mehl
3 TL Backpulver
2–3 EL Kakaopulver

Puderzucker zum Bestauben

20 MIN + 45 MIN

X 10 (1 GUGELHUPF)

GUGELHUPF
MIT SCHOKOLADE

- Den Backofen auf 180 °C vorheizen. Eine Gugelhupfform einfetten und leicht mehlen. Die Schokolade mit einem großen Messer in kleine Stückchen hacken und beiseitestellen.

- Die weiche Butter mit dem Zucker schaumig schlagen. Nach und nach die Eier unterrühren. Mehl, Backpulver und Kakaopulver vermischen und mit 100–150 ml Wasser abwechselnd unterrühren, bis ein glatter Teig entstanden ist. Zuletzt die Schokoladenstückchen unterrühren und in die Form füllen.

- Den Gugelhupf im Backofen auf der mittleren Schiene 40–45 Minuten backen. Anschließend auf einem Kuchengitter 5 Minuten abkühlen lassen und aus der Form nehmen. Mit Puderzucker bestauben.

TIPP

Der Gugelhupf schmeckt besonders gut mit geschlagener Sahne oder Eiscreme, zum Beispiel Birneneiscreme.

LIMONADE

MIT ZITRONEN UND LIMETTEN

FÜR DIE LIMONADE
1 unbehandelte Zitrone
3 unbehandelte Limetten
180–200 g Zucker
300 ml Apfelsaftschorle

FÜR DIE DEKORATION
je 1 unbehandelte Zitrone und
Limette, in Scheiben geschnitten

25 MIN   X 1

♥ Zitrone und Limetten heiß abwaschen. Mithilfe eines Sparschälers die Schale dünn abschälen, die weiße, bittere Haut sollte dabei unberührt bleiben. Zitrone und Limetten auspressen und den Saft zur Seite stellen.

♥ Die Schalen mit dem Zucker und 100 ml Wasser in einem Topf aufkochen lassen und 5 Minuten bei niedriger Temperatur leicht sieden lassen.

♥ Kurz abkühlen, durch ein Sieb in eine große Schüssel abseihen, um die festen Bestandteile zu entfernen. Komplett auskühlen lassen. Zitronen- und Limettensaft sowie 500 ml Wasser dazugeben und mit Apfelsaftschorle auffüllen. Gekühlt mit den Zitronen- und Limettenscheiben servieren.

FÜR KÜHLE TAGE

Wenn im August die Sonne schon wieder früher untergeht, die Abende kühler werden und ab und an ein frischer Wind weht, genießen wir gerne die letzten Sommertage im Freien. Nach einem Tag am Meer oder im Wald wärmt am Abend herrlich eine schnelle Suppe oder ein Teller Nudeln. Die Natur schenkt uns schon die ersten Pfifferlinge und die Tomaten schmecken jetzt am allerbesten. Lassen Sie mit diesen Rezepten den Sommer ausklingen und genießen Sie die letzten Sonnenstrahlen.

WARMER SALAT

MIT CIABATTA

FÜR DEN SALAT
2 rote Paprika
1 gelbe Paprika
100 ml Olivenöl
Salz
frisch gemahlener Pfeffer
100–150 g Ciabatta
4 Frühlingszwiebeln
je 200 g kleine rote und gelbe Tomaten

FÜR DAS DRESSING
1 EL Olivenöl
1 Knoblauchzehe
2–4 EL Weißweinessig
3–4 Stängel Basilikum

45 MIN X 4

♥ Den Backofen auf 225 °C vorheizen. Die Paprika putzen, waschen, halbieren und von Kernen und Trennwänden befreien. In Streifen schneiden und in eine ofenfeste Auflaufform legen. Mit etwa 50 ml Olivenöl beträufeln, salzen und pfeffern. Im Backofen 20–25 Minuten backen.

♥ Das Brot in Würfel schneiden, in die Form geben und mit dem restlichen Olivenöl beträufeln. Weitere 10 Minuten backen, das Brot darf nicht verbrennen.

♥ Die Frühlingszwiebeln putzen, waschen und in feine Ringe schneiden. Die Tomaten waschen und halbieren. Die Kerne der Tomaten mithilfe eines Melonenausstechers oder eines Löffels entfernen, in ein Sieb geben und den Tomatensaft auffangen.

♥ Für das Dressing den aufgefangenen Tomatensaft mit dem Olivenöl mischen. Die Knoblauchzehe abziehen und dazupressen. Mit Weinessig abschmecken. Basilikum waschen, trocken schütteln, die Blätter abzupfen und die Hälfte davon in Streifen schneiden.

♥ Die Tomatenhälften in die Form geben, das Dressing, die Frühlingszwiebeln und Basilikumstreifen und -blätter darübergeben und den Brotsalat noch warm servieren.

PFIFFERLINGE

AUF RUCOLASALAT

350 g Cocktailtomaten
70–100 g Eisbergsalat
1 Bund Rucola
500 g Pfifferlinge
2 Zwiebeln
1 Knoblauchzehe
3 EL Butter
200–250 ml Sahne (mind. 30% Fett)
Salz
frisch gemahlener Pfeffer
1–2 EL Sonnenblumenkerne

30 MIN X 4

♥ Die Tomaten waschen und vierteln. Eisbergsalat und Rucola waschen, trocken schütteln und in mundgerechte Stücke zupfen. Die Pfifferlinge verlesen, putzen und große Pilze klein schneiden.

♥ Die Zwiebeln und Knoblauchzehe abziehen und fein würfeln. In einer beschichteten Pfanne 1 EL Butter erhitzen, Zwiebeln und Knoblauch darin glasig anschwitzen, aus der Pfanne nehmen. Restliche Butter in der Pfanne erhitzen und die Pfifferlinge anbraten, bis keine Flüssigkeit mehr austritt.

♥ Die Zwiebeln zu den Pilzen geben, die Sahne einrühren, mit Salz und Pfeffer abschmecken. Einige Minuten bei niedriger Temperatur köcheln lassen, bis die Sahne etwas eindickt.

♥ Den Salat auf Schälchen verteilen, die Tomaten und Pfifferlinge darübergeben und mit den Sonnenblumenkernen bestreuen.

16–18 mittelgroße festkochende Kartoffeln
1 Würfel Gemüsebrühe
100 ml Sahne (mind. 30% Fett)
Salz
frisch gemahlener Pfeffer
3–4 EL fein gehackte frische Kräuter (z. B. Petersilie, Kerbel)

30 MIN X 4

KARTOFFELSUPPE

SCHNELL GEMACHT

♥ Die Kartoffeln schälen und in dünne Scheiben schneiden oder hobeln. In einen Topf geben, mit Wasser auffüllen, sodass die Scheiben zwei Finger breit mit Wasser bedeckt sind. Den Brühwürfel dazugeben. Bei kleiner bis mittlerer Temperatur die Kartoffeln 10–15 Minuten köcheln, bis sie gar sind.

♥ Den Topf von der Herdplatte nehmen, die Sahne vorsichtig einrühren, salzen und pfeffern und noch einmal kurz erhitzen. Die Suppe auf Tassen verteilen und mit frischen Kräutern garnieren.

TIPP

Die Suppe kann auch aus mehligkochenden Kartoffeln oder aus schon gekochten Kartoffeln vom Vortag zubereitet werden. Da die Scheiben dann leicht zerfallen, die Suppe vor dem Zufügen der Sahne pürieren.

1 gelbe Zwiebel
1–2 Knoblauchzehen
200 g Karotten
1 Zucchini
1 rote Paprika
50 g eingelegte Bambussprossen
1–2 EL Olivenöl
2–4 EL gelbe Currypaste
800 ml Gemüsebrühe
200 ml Kokosmilch
1 TL Zucker
½–1 TL Salz
frisch gemahlener Pfeffer
1 Bund frischer Koriander

40 MIN X 4

CURRYSUPPE

MIT KOKOS

♥ Die Zwiebel und die Knoblauchzehen abziehen und fein hacken. Die Karotten putzen, schälen und in dünne Scheiben schneiden. Zucchini und Paprika waschen, Zucchini klein würfeln, die Paprika von Samen und Scheidewänden befreien und in Streifen schneiden. Bambussprossen abtropfen lassen und in dünne Streifen schneiden.

♥ Das Olivenöl in einem großen Topf erhitzen, die Currypaste (nach Belieben kann auch mehr oder weniger verwendet werden) dazugeben und kurz anbraten. Zwiebeln und Knoblauch zugeben und alles 3–4 Minuten braten. Das restliche Gemüse dazugeben und weitere 3–4 Minuten braten.

♥ Mit der Gemüsebrühe ablöschen und 4–8 Minuten köcheln lassen – je nachdem, wie knackig das Gemüse sein soll. Zum Schluss die Kokosmilch zugeben, aufkochen lassen und mit Zucker, Salz und Pfeffer abschmecken. Den Koriander waschen, trocken schütteln, die Blätter abzupfen und grob hacken. Die Suppe in Schüsseln füllen und mit Koriander bestreut servieren.

TIPP

Die Suppe schmeckt auch mit Reis als Einlage hervorragend und wird dadurch sättigender.

TOMATENSUPPE

MIT GARNELENSPIESSEN

2 Zwiebeln
2 Knoblauchzehen
1 unbehandelte Zitrone
2 TL Koriandersamen
4 EL Olivenöl
3 EL Tomatenmark
1 l passierte Tomaten
750 ml Gemüsebrühe
20–25 Garnelen (küchenfertig)
200 ml Sahne (mind. 30% Fett)
Salz
frisch gemahlener Pfeffer

4 Holzspieße

45 MIN X 4

♥ Die Zwiebeln und Knoblauchzehen abziehen und fein hacken. Die Zitrone heiß waschen, drei lange Streifen Schale mithilfe eines Sparschälers abziehen. Die Koriandersamen im Mörser grob zerstoßen.

♥ In einem großen Topf 2 EL Olivenöl erhitzen und Zwiebeln, Knoblauch, Zitronenschale und Koriandersamen darin anschwitzen. Das Tomatenmark dazugeben und kurz anbraten. Die passierten Tomaten und die Brühe hinzufügen, gut umrühren und die Suppe etwa 30 Minuten köcheln lassen.

♥ In der Zwischenzeit die Garnelen waschen und mit Küchenpapier trocken tupfen. In einer beschichteten Pfanne 2 EL Olivenöl erhitzen und die Garnelen bei hoher Temperatur rundum 5–6 Minuten anbraten, anschließend auf die Holzspieße stecken.

♥ Die Suppe durch ein feinmaschiges Sieb in einen Topf abseihen, sodass die festen Bestandteile entfernt werden. Die Sahne hinzufügen, dabei 2–3 EL für die Dekoration aufsparen. Die Suppe erneut aufkochen lassen, mit Salz und Pfeffer abschmecken.

♥ In Schalen füllen, auf jede Suppe 1 TL Sahne geben und mit einem Zahnstocher eine Spirale ziehen. Die Garnelenspieße dazu servieren.

TIPP

Wer keinen Mörser besitzt, kann die Koriandersamen in einen Briefumschlag geben und mit einem Hammer oder Stein zerstoßen.

QUICHE

MIT TOMATEN UND BASILIKUM

FÜR DEN TEIG
200 g Mehl
120 g kalte Butter
1 Prise Salz

Butter für die Form bzw. Förmchen
Mehl für die Arbeitsfläche

FÜR DIE FÜLLUNG
½ Schalotte
1–2 Knoblauchzehen
350 g Cocktailtomaten
125 g Frischkäse mit Joghurt
100 g Crème fraîche
3 EL frisch geriebener Parmesan
2–3 EL frisch gehackte oder getrocknete Kräuter (z. B. Basilikum, Oregano, Petersilie)

FÜR DIE DEKORATION
1 Handvoll Basilikumblätter
etwas Balsamicoessig, nach Belieben

30 MIN + 45 MIN | X 4

♥ Mehl, kalte Butter, Salz und 3 EL Wasser mit den Händen rasch zu einem glatten Teig verkneten. In Folie gewickelt für 30 Minuten kalt stellen. Den Backofen auf 200 °C vorheizen. Eine große Tarteform (ø 26 cm) oder vier kleine Tarteförmchen ausbuttern.

♥ Den Teig auf einer bemehlten Arbeitsfläche ausrollen und die Form damit auskleiden. Den Teig am Rand andrücken, den Boden mehrfach mit einer Gabel einstechen. Im Backofen etwa 15 Minuten goldbraun backen, herausnehmen und abkühlen lassen.

♥ Für die Füllung die Schalotte und die Knoblauchzehen abziehen und fein hacken. Die Tomaten waschen und halbieren.

♥ In einer Schüssel Frischkäse, Crème fraîche, Knoblauch, Schalotte, Parmesan und Kräuter verrühren und gleichmäßig auf dem Boden verstreichen. Mit den Tomaten belegen. Das Basilikum waschen, trocken schütteln und in feine Streifen schneiden. Über die Quiche streuen und nach Belieben mit etwas Balsamicoessig beträufeln.

TIPP

Die Quiche kann auch warm serviert werden. Dafür die Quiche mit den Tomaten weitere 20 Minuten bei 175 °C im Backofen backen. Mit Basilikum und Balsamicoessig garniert servieren.

FÜR DIE SUPPE
1 Zwiebel
2 EL Olivenöl
600 g Erbsen (tiefgefroren)
2 EL italienische Kräutermischung (tiefgefroren)
1 Würfel Gemüsebrühe
100 ml Sahne (mind. 30% Fett)
Salz
frisch gemahlener Pfeffer

FÜR DIE DEKORATION
100 ml Sahne (mind. 30% Fett)
2–3 EL Sahnemeerrettich

25 MIN X 4

ERBSENSUPPE

MIT SAHNEMEERRETTICH

♥ Die Zwiebel abziehen und fein hacken. In einem großen Topf das Olivenöl erhitzen und die Zwiebel darin anschwitzen. Die tiefgefrorenen Erbsen und die Kräutermischung dazugeben und weitere 3–4 Minuten anschwitzen. Den Gemüsebrühwürfel zugeben und mit 600 ml Wasser auffüllen. Bei mittlerer Temperatur die Erbsen 7–9 Minuten köcheln lassen, bis sie gar sind.

♥ Inzwischen für die Dekoration die Sahne steif schlagen. Den Sahnemeerrettich vorsichtig unterheben und kühl stellen. Den Topf von der Herdplatte ziehen und die Suppe mit einem Stabmixer pürieren. (Vorsichtig mixen, da die Suppe heiß spritzen kann. Ich lege dafür ein Handtuch halb über den Topf.) Die flüssige Sahne einrühren und noch einmal kurz aufkochen lassen. Mit Salz und frisch gemahlenem Pfeffer abschmecken.

♥ Die Suppe in Schälchen füllen, jede Suppe mit einem Klecks der Meerrettichsahne garnieren und sofort servieren.

KARTOFFELAUFLAUF

NACH SCHWEDISCHER ART

Butter für die Form

1 kg Kartoffeln
2–3 mittelgroße Zwiebeln
125 g eingelegte Sardellenfilets
2–3 EL Butter
250 ml Sahne (mind. 30% Fett)
3–4 EL Semmelbrösel

40 MIN + 60 MIN   X 4

♥ Eine ofenfeste Form ausbuttern. Den Backofen auf 200 °C vorheizen. Die Kartoffeln schälen und wie Pommes frites in gleichmäßig dünne Stifte schneiden. Die Zwiebeln abziehen und in dünne Ringe schneiden. Die Sardellenfilets abtropfen lassen, den Sud dabei auffangen.

♥ In einer beschichteten Pfanne 1 EL Butter erhitzen, die Zwiebeln glasig anschwitzen. Die Hälfte der Kartoffeln in der Auflaufform verteilen. Zwiebeln und Sardellen auf die Kartoffeln geben, mit der Hälfte des Sardellensuds beträufeln. Die restlichen Kartoffeln daraufschichten.

♥ Die Sahne mit dem restlichen Sardellensud verrühren und über die Kartoffeln geben. Die Semmelbrösel darüberstreuen und die restliche Butter in Flöckchen darauf verteilen. Im Backofen auf der unteren Schiene 50–60 Minuten backen, bis der Auflauf eine goldbraune Farbe hat.

DIE SONNE VERSCHWINDET
HINTER DEN BAUMWIPFELN,
RUHE KEHRT EIN.

WRAPS

MIT PFIFFERLINGEN UND BABYSPINAT

1 Zwiebel
300 g Pfifferlinge
75 g Babyspinat
2 EL Butter
150 ml Sahne (mind. 30% Fett)
3–4 EL Crème fraîche
Salz
frisch gemahlener Pfeffer
1 EL frisch gehackter oder getrockneter Estragon
8 Weizentortillas

8 kleine Kordeln

30 MIN | x 4

♥ Die Zwiebel abziehen und fein würfeln. Die Pfifferlinge verlesen, putzen und klein schneiden. Babyspinat verlesen, waschen und trocken schütteln.

♥ In einer beschichteten Pfanne 1 EL Butter erhitzen, Zwiebel glasig anschwitzen, aus der Pfanne nehmen. Restliche Butter in die Pfanne geben und die Pfifferlinge anbraten, bis keine Flüssigkeit mehr austritt.

♥ Sahne und Crème fraîche einrühren und mit Salz, Pfeffer und Estragon würzen. Einige Minuten bei niedriger Temperatur köcheln lassen, bis die Sahne etwas eindickt.

♥ Die Tortillas ausbreiten und mit Babyspinat und Pilzen belegen. Von beiden Seiten einschlagen, dann den unteren Rand hochfalten und mit einer kleinen Kordel verschnüren.

SCHAFSKÄSE

GEBACKEN, MIT TOMATEN UND ZWIEBELN

Butter für die Form

2 rote Zwiebeln
2 Knoblauchzehen
3–4 große Tomaten
je 100 g kleine gelbe und rote Tomaten
300 g Schafskäse
1 EL Olivenöl
Salz
frisch gemahlener Pfeffer
10–12 schwarze Oliven
3–4 EL getrockneter Oregano

20 MIN + 20 MIN · X 4

♥ Den Backofen auf 200 °C vorheizen. Eine Auflaufform ausbuttern. Zwiebeln und Knoblauchzehen abziehen, Zwiebeln in Ringe schneiden und Knoblauch fein hacken. Die Tomaten waschen, die großen in Scheiben schneiden und die kleinen halbieren. Den Schafskäse in Scheiben schneiden.

♥ In einer beschichteten Pfanne das Olivenöl erhitzen, Knoblauch und Zwiebeln glasig anschwitzen und mit Salz und Pfeffer abschmecken.

♥ Die Auflaufform mit den Tomatenscheiben auslegen, den Schafskäse darauf verteilen und die Zwiebel-Knoblauch-Mischung darübergießen. Die Tomatenhälften mit den Oliven daraufgeben und mit Oregano bestreuen. Im Backofen 15–20 Minuten backen.

SPAGHETTI

MIT GERÄUCHERTEM LACHS

500 g Spaghetti
Salz
2 Knoblauchzehen
200–250 g Räucherlachs
2 EL Kapern
1–2 EL Butter
200 g Sahne (mind. 30% Fett)
100 g Schmand
frisch gemahlener Pfeffer

25 MIN x 4

♥ Die Spaghetti in reichlich Salzwasser nach Packungsanleitung bissfest kochen. Knoblauchzehen abziehen und fein hacken. Den Lachs in kleine Stücke schneiden. Die Kapern halbieren.

♥ In der Zwischenzeit in einer beschichteten Pfanne die Butter erhitzen und den Knoblauch anschwitzen. Sahne und Schmand einrühren, den Lachs dazugeben und mit Salz und Pfeffer abschmecken. Einige Minuten köcheln lassen, bis der Lachs eine helle Farbe bekommt. Die Kapern unterrühren.

♥ Die Spaghetti abgießen, auf Tellern anrichten und mit der Lachssauce servieren.

HÜHNCHEN

MIT MANGOCHUTNEY, AUS DEM OFEN

4 Hühnchenbrustfilets
3 EL Olivenöl
3 EL dunkle Sojasauce
½–1 EL Zitronenpfeffer (Gewürzmischung)
300 ml Sahne (mind. 30% Fett)
200 g Mangochutney (siehe Rezept Seite 116)
75–100 g Kartoffelchips, grob zerbröselt (z. B. Sour-Cream-Geschmack)
75 g Käse (z. B. Gouda), gerieben

20 MIN + 50 MIN — X 4

♥ Den Backofen auf 175 °C vorheizen. Die Hühnchenbrustfilets gut waschen und trocken tupfen. Olivenöl, Sojasauce und Zitronenpfeffer in eine ofenfeste Auflaufform geben und verrühren. Das Fleisch hineinlegen und wenden, sodass alle Seiten benetzt werden. Im Ofen 30–35 Minuten backen.

♥ Die Hühnchenbrustfilets aus dem Ofen nehmen, die Temperatur auf 225 °C erhöhen. Die Sahne mit dem Mangochutney verrühren, über die Filets verteilen und weitere 10 Minuten backen. Zum Schluss die zerbröselten Chips und den Käse darüberstreuen und weitere 10 Minuten backen.

MINUTENSTEAK

VOM SCHWEIN, IN ESTRAGONSAUCE

FÜR DIE SAUCE
2 Schalotten
1 EL Butter
3–4 EL Weißwein
1 EL Kapern
frisch gehackter oder getrockneter Estragon
Salz
frisch gemahlener Pfeffer
200 g Crème fraîche

FÜR DIE STEAKS
4 Minutensteaks vom Schwein (à 100 g)
1–2 EL Butter
Salz
frisch gemahlener Pfeffer

25 MIN — X 4

♥ Für die Sauce die Schalotten abziehen und fein hacken. In einem Topf die Butter erhitzen und die Schalotten glasig anschwitzen. Mit dem Wein ablöschen und bei niedriger Temperatur kurz köcheln lassen. Die Kapern fein hacken und mit 2 EL Estragon zur Sauce geben. Mit Salz und Pfeffer abschmecken. Crème fraîche einrühren und die Sauce köcheln lassen, bis sie sämig wird. Zur Seite stellen, nochmals mit Estragon, Salz und Pfeffer abschmecken.

♥ Das Schweinefleisch trocken tupfen und den Fettrand mit einem scharfen Messer im Abstand von 1 cm einschneiden, damit er sich später beim Braten nicht nach oben biegt.

♥ In einer beschichteten Pfanne die Butter erhitzen, das Fleisch bei hoher Temperatur anbraten. Nach etwa 1 Minute das Fleisch wenden, die Temperatur reduzieren und von der anderen Seite etwa weitere 30 Sekunden anbraten, bis es leicht gebräunt ist. Salzen und pfeffern. Die Herdplatte ausschalten, das Fett abgießen, die Sauce zum Fleisch geben und 2–3 Minuten ziehen lassen.

TIPP

Zu den Minutensteaks schmecken besonders gut frische Nudeln, etwa Fusilli.

LACHS
NACH GUNNS ART

4 Lachsfilets mit Haut (à 150 g)
2 EL Butter
2 EL Olivenöl
1 TL Salz
1–2 TL Zitronenpfeffer (Gewürzmischung; alternativ frisch gemahlener bunter Pfeffer)
200 ml Sahne (mind. 30% Fett)
6 EL Schnittlauchröllchen

20 MIN X 4

♥ Den Lachs waschen, mit Küchenpapier abtupfen und eventuell noch vorhandene Gräten entfernen. Butter und Olivenöl in einer beschichteten Pfanne erhitzen, den Lachs mit der Hautseite nach unten in die Pfanne legen und etwa 2 Minuten scharf anbraten. Wenden und weitere 2 Minuten braten. Wieder wenden und mit Salz und Zitronenpfeffer würzen.

♥ Die Sahne dazugeben und 8–9 Minuten köcheln lassen. Prüfen, ob der Fisch gar ist. Wenn die Sauce zu stark eindickt, 50 ml Wasser unterrühren. Zum Schluss nach Belieben mit Zitronenpfeffer nachwürzen und mit Schnittlauchröllchen bestreut servieren.

WENN IM SOMMER FREUNDE SPONTAN ZU KAFFEE UND KUCHEN VORBEIKOMMEN, WIRD SCHNELL DER TISCH IM GARTEN GEDECKT.

BAISERS

GRUNDREZEPT

FÜR DAS GRUNDREZEPT
3 Eiweiß
1 Prise Salz
einige Tropfen Zitronensaft
150 g Zucker

15 MIN + 45 MIN · X 40

FÜR DIE ROTE BAISERMASSE
3 Eiweiß
1 Prise Salz
einige Tropfen Zitronensaft
150 g Zucker
etwa 50 g rote, säuerliche Bonbons
4–7 Tropfen rote Lebensmittelfarbe

FÜR DIE ERDBEEREN
250 g frische Erdbeeren
200 ml Sahne (mind. 30% Fett)

25 MIN + 90 MIN · X 15

♥ Den Backofen auf 100 °C vorheizen. Ein Backblech mit Backpapier auslegen. Das Eiweiß mit dem Handrührgerät auf höchster Stufe schaumig schlagen. Salz und Zitronensaft zugeben, dann den Zucker langsam einrieseln lassen, dabei ständig weiterschlagen, bis der Eischnee schnittfest und glänzend ist.

♥ Mithilfe eines Spritzbeutels oder mit zwei Löffeln die Baisermasse in kleinen Häufchen auf das vorbereitete Backblech geben. Auf der unteren Schiene im Backofen etwa 45 Minuten trocknen lassen. Die Baisers sollen nur eine ganz leichte Färbung erhalten.

♥ Auf einem Gitter abkühlen lassen und nach Bedarf über Nacht im Backofen stehen lassen. In einer luftdichten Dose aufbewahren.

ROTE BAISERS MIT ERDBEEREN

♥ Die Baisermasse wie oben beschrieben zubereiten. Den Backofen auf 100 °C vorheizen. Ein Backblech mit Backpapier auslegen. Die Bonbons zerstoßen und zur Seite stellen. Die Lebensmittelfarbe schnell unter die Baisermasse rühren und die zerstoßenen Bonbons vorsichtig unterheben.

♥ Mithilfe von zwei Löffeln die Baisermasse in großen Haufen auf das vorbereitete Backblech geben. Auf der unteren Schiene im Backofen 90–120 Minuten trocknen lassen. Die Baisers sollen nur eine ganz leichte Färbung erhalten. Auf einem Gitter abkühlen lassen und nach Bedarf über Nacht im Backofen stehen lassen. In einer luftdichten Dose aufbewahren.

♥ Die Erdbeeren waschen, putzen und halbieren. Die Sahne steif schlagen. Mit den roten Baisers servieren.

TÖRTCHEN
MIT BLAUBEEREN

FÜR DIE FÜLLUNG
200–250 g frische Blaubeeren
1–2 EL Zucker

FÜR DEN TEIG
3 Eier
130 g Zucker
75 g Mehl
50 g Kartoffelstärke
2 TL Backpulver

FÜR DIE DEKORATION
200–250 g frische Blaubeeren
200–300 ml Sahne (mind. 30% Fett)

35 MIN + 10 MIN X 12

♥ Für die Füllung die Blaubeeren waschen, trocken tupfen, mit einer Gabel zerdrücken und mit dem Zucker verrühren, kalt stellen. Den Backofen auf 200 °C vorheizen. Ein Backblech mit Backpapier auslegen. Die Papierränder hochbiegen, sodass ein Rechteck von etwa 30 x 40 cm entsteht.

♥ Für den Teig Eier und Zucker mit dem Handrührgerät schaumig schlagen, bis die Masse fast weißlich ist. Mehl, Kartoffelstärke und Backpulver mischen und über die Eimasse sieben, vorsichtig unterheben. Den Teig auf das Backblech geben, gut verteilen und auf der mittleren Schiene 8–10 Minuten backen.

♥ Ein Stück Backpapier auf die Arbeitsplatte legen. Den fertigen Kuchen aus dem Ofen nehmen und auf das frische Backpapier stürzen, das benutzte Papier abziehen. Wenn es schwierig ist, das Papier mit etwas kaltem Wasser bepinseln und abziehen. Noch vor dem vollständigen Erkalten mit den zerdrückten Blaubeeren, alternativ mit 150–200 g Blaubeerkonfitüre, bestreichen und von der Längsseite her aufrollen. Die Rolle kühl stellen.

♥ In der Zwischenzeit die Blaubeeren für die Dekoration waschen und trocken tupfen. Die Schlagsahne steif schlagen. Die Rolle in etwa 3 cm dicke Scheiben schneiden, die Scheiben auf die Schnittseite legen. Rundum mit Sahne bestreichen und mit den Blaubeeren dekorieren.

RHABARBERKUCHEN

MIT STREUSELN

♥ Den Rhabarber waschen und putzen. Die Stangen dünn schälen und in 2–3 cm lange Stücke schneiden. Den Backofen auf 175 °C vorheizen. Ein Backblech mit hohem Rand oder eine eckige Backform (36 x 24 cm) mit Backpapier auslegen.

♥ Die Marzipanrohmasse grob raspeln und mit der Butter und dem Zucker schaumig schlagen. Nach und nach die Eier unterrühren. Mehl und Backpulver vermischen und abwechselnd mit der Milch unterrühren, bis ein glatter Teig entstanden ist.

♥ Für die Streusel die Butter in einer kleinen Pfanne schmelzen und etwas abkühlen lassen. Mehl mit Zucker und Vanillezucker mischen, mit der Butter in eine Schüssel geben und mit den Knethaken des Handrührgeräts zu Streuseln verarbeiten.

♥ Den Teig gleichmäßig auf das Backpapier streichen. Zuerst den Rhabarber und dann die Streusel auf dem Teig verteilen. Die Mandelblättchen darüberstreuen. Im Backofen auf der mittleren Schiene 50–55 Minuten backen. Auskühlen lassen und mit Puderzucker bestauben. Nach Belieben mit Eiscreme servieren.

FÜR DEN KUCHEN

750 g Rhabarber
100 g Marzipanrohmasse
100 g Butter
150 g Zucker
3 Eier
300 g Mehl
1 ½ TL Backpulver
4–6 EL Milch
3 EL Mandelblättchen

FÜR DIE STREUSEL

100 g Butter
150 g Mehl
100 g Zucker
1 Päckchen Vanillezucker

Puderzucker zum Bestauben
Eiscreme, nach Belieben zum Servieren

30 MIN + 50 MIN

X 10 (1 KUCHEN)

Butter für die Form

FÜR DEN TEIG
160 g Marzipanrohmasse
25 g Butter
50 g Zucker
1 EL Vanillezucker
3 Eier
80 g Mehl
1 Prise Salz
100 ml Milch

FÜR DEN BELAG
200 g frische Rote Johannisbeeren
100 g Zucker

ZUR DEKORATION
Puderzucker zum Bestauben
200 ml Sahne (mind. 30% Fett)

30 MIN + 30 MIN

X 10 (1 KUCHEN)

KUCHEN

MIT JOHANNISBEEREN UND MARZIPAN

♥ Eine Auflaufform oder Springform (ø 26 cm) leicht buttern. Den Backofen auf 175 °C vorheizen. Die Marzipanrohmasse grob raspeln und zur Seite stellen. Die Butter in einem Topf schmelzen und dann abkühlen lassen.

♥ Zucker, Vanillezucker und Eier schaumig schlagen. Mehl, Salz und die geschmolzene Butter zugeben und verrühren. Zuletzt die Hälfte des Marzipans und die Milch unterrühren. Das Marzipan muss sich nicht vollständig auflösen. Den Teig in die Form füllen.

♥ Die Johannisbeeren waschen, trocken schütteln und von den Rispen streifen. Die Früchte mit dem Zucker vermischen und gleichmäßig auf dem Teig verteilen. Zuletzt das restliche Marzipan darüberstreuen. Im Backofen auf der mittleren Schiene 30–35 Minuten backen, bis der Teig fest und leicht gebräunt ist. Abkühlen lassen und mit Puderzucker bestauben. Die Sahne steif schlagen und dazu servieren.

TIPP

Wer den Kuchen noch etwas bunter haben möchte, fügt zusätzlich zu den Roten Johannisbeeren noch 50 g Schwarze Johannisbeeren hinzu.

DANKE

Zuallererst möchte ich mich bei allen bedanken, die mit mir zusammen Gemüse geschnippelt, gekocht, geschlemmt und gemodelt haben!

Mein besonderer Dank gilt Hans, der hervorragende Kontakte zum Weihnachtsmann hat, meinen wunderbaren Töchtern Marie-Greta und Amelie, ohne deren Hilfe und Begeisterung dieses Buch gar nicht entstanden wäre. Meiner Mutter Britt und meiner Schwester Kerstin für die tatkräftige Hilfe und meinem Vater Siggi, der leider nicht mehr dabei ist. Gunn und Leif – meinen Pateneltern aus Schweden –, Dietlind Wolf für erste gemeinsame fotografische Schritte und Dr. Stefanie Howaldt für ihre anfeuernde Begeisterung. Kristina Thiem, Dr. Nicola Füllbrandt und Stefanie Sost für stete Hilfe, offene Ohren und Herzen. Traugott, Jenna und den Gebrüdern Meers für die Versüßung des Alltags!

Ich danke Marie, Ulrike Schede und Kristina Thiem, die ab und an die Kamera übernommen haben.

Außerdem möchte ich mich beim Christian Verlag bedanken, insbesondere bei Frau Heinel, für die Chance, die ich bekommen habe, für die Unterstützung, konstruktive Auseinandersetzung und Freiheit.

Mein Dank gilt auch Frau Wiedemann, die die richtigen Worte findet, und Frau Loos, die meine Bilder in den rechten Rahmen setzt.

DIE AUTORIN

Marie Langenau verbrachte jahrelang ihre Sommer bei ihren Großeltern an der Südwestküste Schwedens. Dort lernte sie zahlreiche Familienrezepte kennen und entdeckte ihre Liebe zur Natur. Hauptberuflich als Ärztin tätig, arbeitet sie auch als freie Fotografin und hält das Landleben in ganz Deutschland fest. Im Christian Verlag erscheinen nun ihre Bücher über das Leben auf dem Land.

REZEPTREGISTER

SACHREGISTER

HIINWEIS: Alle Temperaturangaben für den Backofen beziehen sich auf die Einstellung Ober-/Unterhitze.

IMPRESSUM

Unser Verlagsprogramm finden Sie unter

www.christian-verlag.de

Produktmanagement: Annemarie Heinel
Textredaktion: Christina Wiedemann
Korrektur: Jeannette Kiesel
Layout und Satz: Sabine Loos
Umschlaggestaltung: Sabine Loos, mit Fotos von Marie Langenau
Repro: Repro Ludwig, Zell am See
Herstellung: Bettina Schippel

Text und Rezepte: Marie Langenau
Fotografie und Styling: Marie Langenau
Alle Fotos stammen von Marie Langenau, außer: S. 6 Frank Siemers

Printed in Slovenia by Korotan

Die Deutsche Nationalbibliothek verzeichnet diese Publikation in der Deutschen Nationalbibliografie; detaillierte bibliografische Daten sind im Internet über http://dnb.d-nb.de abrufbar.

ISBN 978-3-86244-253-9

★★★★★

Sind Sie mit diesem Titel zufrieden? Dann würden wir uns über Ihre Weiterempfehlung freuen. Erzählen Sie es im Freundeskreis, berichten Sie Ihrem Buchhändler oder bewerten Sie bei Onlinekauf. Und wenn Sie Kritik, Korrekturen, Aktualisierungen haben, freuen wir uns über Ihre Nachricht an:

Christian Verlag
Postfach 40 02 09
D-80702 München
oder per E-Mail an lektorat@verlagshaus.de.

Ebenfalls erhältlich ...

ISBN 978-3-86244-254-6

ISBN 978-3-86244-080-1

ISBN 978-3-86244-496-0

ISBN 978-3-86244-146-4